コンシューマーの
視点による

本物の
パートナーシップ
とは何か？

精神保健福祉の
キーコンセプト

Janet Meagher AM.
ジャネット・マアー・AM

野中 猛●監訳　山本和儀｜栄セツコ｜平田はる奈●訳

Partnership or Pretence

金剛出版

メリンダ・エプシュタイン，ジョージ，サンディー・ワトソン，サイモン・ニーボーンがとても素晴らしいイラストを使わせて下さったことに特別な感謝の意を表します。彼ら／彼女らの技能と能力にとても感謝しています。

© PARTNERSHIP OR PRETENCE
A handbook of empowerment and self advocacy
for consumers of psychiatric services
and those who provide or plan those services
by Janet Meagher A.M.
3rd edition, 2002
Psychiatric Rehabilitation Association（PRA）
PO Box 1184
Strawberry Hills, 2012 AUSTRALIA

原著者はじめに

『本物のパートナーシップとは何か?』は,精神保健福祉上の課題をかかえながら生活している人びとをエンパワメントしてくれるハンドブックです。日本の皆さんがその本を初めて目にすることができるようになったのは,世界精神保健連盟(WFMH)の理事仲間となった山本和儀医師が,日本の当事者たちが求めているものを発展させるために,私に日本語訳の出版を認めてくれるよう申し出て下さったからでした。彼とチームの皆さんが精力的に翻訳し,出版に向けて尽力して下さり,WFMH日本支部が日本語版初版の発行を引き受けて下さいました。日本語版初版の発刊は大成功でした。山本先生の献身的努力に対しては今でも深く感謝しています。2000年10月の沖縄での発刊以来,その本は大変な人気で,売り切れてしまい,今では入手できません。日本語版初版は英語版第2版が基になっています。その後,私は完全な改訂を行い,第3版として内容を一新しました。この第3版が,今ここに日本の読者のために新しい翻訳がなされ,タイトルも新たに『本物のパートナーシップとは何か?』として新しく登場しました。

この全く新しい私の本の発刊をうれしく思っています。この出版に向けた栄セツコさんの粘り強さに感謝しています。彼女は長い間,懸命に働き,多くの困難を克服しながら,新版の翻訳を進めて下さいました。これは,今は亡き野中先生の夢でもありました。彼は,この本を貴重な資源として日本の当事者が利用できるようにしようと決意し,その決意を栄セツコさんが引き継ぎました。その努力を出版社が認めて下さり,出版に至りました。翻訳チームに山本先生が加わったことにより,本のタイトルとなっている"パートナーシップ"の鑑となって,日本の当事

者がこの本の中にある考えから多くのことを学ぶことができるでしょう。

　私の希望は，私の本の中にある考え方を学び，試してみようとしている読者の皆さん，すなわち精神保健福祉の問題や障害に何とか対処しようと戦っている当事者の皆さんが，精神保健福祉ケアシステムについての知識を深め，そのシステムの意思決定の場で自分の適切な位置に就けるようになることです。そのプロセスを踏む中で皆さんが勇気づけられることを願っています。

　私は何が必要かを知り，実行してきましたが，皆さんにもできると思います。私は40年以上も統合失調症とつき合い，そのうちの10年間は施設に収容されていました。その経験から，思い切って意見を言ったり，個人の権利を主張すること，それを声として聞こえるようにすることが，いかに大変なことであるか，私は身を以て知っています。しかし，それは努力で成し遂げることができますし，やるだけの価値があります。

　コンシューマーがこの社会に完全に参加して構成員の一員であるために必要とする努力，自己コントロール力，気力と意志力は，並大抵のものではありません。その人が積極的な役割を引き受けて社会参加すると決めたら，それらのすべての力とそれ以上のものを必要とします。至る所で挑戦すべきことが現れ，自信や，技量，学習したものが，それぞれ試されます。これらのものが，リカバリーに向けて成功している人たちに見られる要素なのですが，当事者にとっては，まさしくこれらのことが，精神障害をもっていることによって深刻なダメージを受け，崩壊されていくもの，そのものなのです。立ち上がって試しにやってみようとすることが，どれくらい勇気を必要とすることでしょうか？　自信と能力，技量と学習能力を持ちながらすべてをやり遂げないといけない一方で，症状を抑えるために心も脳も薬で緩慢になっている私たちに，どうやったら"追いついて"いけるのでしょうか？　不思議に思うでしょう

が，皆さんはこれを気づかないうちにやり遂げているのです。多くの人は辛抱強く座って待つことはしていません。自分の居たいと思う場所に進み，自分たちの個人的な戦略や腕前，やりくりする方法を発展させ，ついに社会参加ができるようになっていくのです。さまざまな技術や対処能力を高める戦略を練るという全ての努力が，病気の構造や心理的拘束に対抗して絶えず働きかけてくれ，あなたが精神障害のために失ったものを少しずつ取り戻すことができます。この努力，あらゆる限界に打ち勝ち，成功するための戦いを通して，あなたは失ったものを取り戻すことができるのです。

　私たちは，時々このプロセスを歩む時にリカバリーのこういった面を理解している専門的な支援や，心の通い合うサービス提供機関の助けを必要とします。私たちが一生懸命頑張り，これまでと違った生活を手に入れるための粘り強い努力を，その人たちが必ず助けてくれるはずです。

　読者の皆さん！　リカバリーを成し遂げるためには，ド根性が必要です。また皆さんが達成したものを保ち続け元気であるためには，それよりももっとたくましい気力・ド根性が必要であると私は思います。時が経つにつれ，人生はだんだん楽になってきますが，リカバリーへの意志はずっと持ち続けなければなりません。誰かが一つの役割や職業にたどり着く道を考えて比較しながら，挑戦すべきさまざまなことや弱さを考え，少なくともその10倍をかけ合わせてみると，当事者がたどる道がどの程度困難なものか，少し見えてくるでしょう。どこへ向かったとしても，すべてが挑戦ですが，越えられない山ではないのです。患者であることに甘んじることなく，パートナーであることを楽しんで下さい！

　　　　　　　　　　　　　　　　　　　　　　　ジャネット・マアー

監訳者はじめに

　日本の精神保健福祉領域における専門職も，頭の中では，精神障害をもつ当事者の立場を大切にして，リカバリーを支援し，パートナーシップの関係を築こうと思うようになりつつある。

　しかし，それを実践することは容易なことではない。精神障害をもつ当事者にとっても，それを支援しようとする専門家や健常者にとっても，困難な壁を前にして，何度も立ち止まり，考え込んでは話し合い，後戻りしてはやはり信念を貫き，実現までに曲がりくねった長い道のりである。この本で，ジャネット・マアー女史が読者に語りかける言葉は，われわれが安易に使っている用語や概念を根底から覆すものである。どうかひとつひとつを味わいながら読んでほしい。

　ジャネットは，オーストラリアのシドニーにあった悪名高い精神病院で，1970年代から統合失調症として治療を受けてきた当事者である。今は，精神保健福祉のコンシューマー活動家として世界的な指導者となっている。オーストラリア精神保健福祉コンシューマーネットワーク（AMHCN）の設立者の一人であり，世界精神保健連盟（WFMH）の名誉幹事でもある。彼女の活動は実に広範であるが，中でも本書"Partnership or Pretence"の執筆はきわめて大切な仕事となった。彼女は温かく気さくであるが聡明な人で，会うとまたたく間に魅了される。

　チャーチル・フェローシップ基金による研究から本書の初版が1995年に生まれた。これは，当時琉球大学所属の山本和儀氏による監訳にて，世界精神保健連盟日本支部出版の形で世に出されたものの，残念ながらもはや絶版となってしまった。今回は2002年第3版の翻訳である。訳者の一人である栄セツコは，野中を団長として2006年にオーストラリ

アの精神保健福祉事情を視察した際，ジャネットに直接お会いして大歓迎を受けながら，本書の日本語訳を誓ったのである。

その後，二転三転しながら時を経てしまったが，かえって時宜にかなった出版になったかもしれない。今のわが国では，国連障害者権利条約の批准をめぐって，障害や合理的配慮が論じられ，障害の社会モデルという見方も紹介されている。「リカバリー」という言葉の使用も表向き拒否されなくなった。知的な理解が広がった今こそ，本当のパートナーシップと偽物のパートナーシップの違いを突きつける最も良い機会になるに違いない。

「すべての人に新しい方向性を選ぶ権利がある」のに，「これまでと違った見方をすることはたいてい簡単に否定されてしまう」とジャネットは警告する。本書は，本気で世界を変えようとする人々にとって，深く読み進めながら，実際に活動し，そして何度も読み返すべき一冊であると確信している。

2013 年 7 月
元　日本精神障害者リハビリテーション学会会長
元　日本福祉大学
野中　猛

日本語版初版監訳者はじめに

　このたび，敬愛するジャネットさんの『本物のパートナーシップか見せかけか』の新版が日本語に訳され，『本物のパートナーシップとは何か？』と改題されて，大手の出版社から発刊されることを大変うれしく思います。日本語版初版は，1996年の原著第2版に新たに5つの章とイラストを加え，『本物のパートナーシップか見せかけか――精神医療サービスのコンシューマーとサービスを企画し提供する人のためのエンパワメントとアドボカシーのハンドブック』というタイトルで2000年10月に世界精神保健連盟（WFMH）日本支部から出版されました。オーストラリアにおける精神医療コンシューマー活動の発展のための一個人としての貢献という副題をつけた本でしたが，日本の当事者運動や大学での教育等，専門家の育成にも一定の成果を上げたものの，間もなくして絶版となっていました。その後，2002年に発行された原著第3版の日本語訳を亡き野中先生のグループが企画されながら，なかなか実現できませんでしたが，栄セツコ，平田はる奈先生の努力が実り，ようやく出版されることになりました。私も初版の監訳者として，今回の翻訳出版に加わらせていただきました。私どもの良きパートナーシップが，本書の魅力をさらに引き出すものになっていることと自負しています。

　ジャネットさんが日本の多くの精神医療保健福祉関係者や当事者の間で知られるようになったのは，この本の日本語版初版が出版された年です。私どもは世界精神保健連盟の西太平洋地区会議を2000年に沖縄で開催し，国際精神保健シンポジウムの基調講演の講師としてジャネット・マアー女史を招いたのでした。彼女は統合失調症のために10年間も精神科病院で入院生活を送っていた頃の古い写真を提示しながら，「参加」

と「エンパワメント」により「リカバリー」を成し遂げ，人生の被害者としてではなく勝利者になろうと考えて行動してきた自らの体験を語って下さいました。そして精神医療保健福祉サービスのコンシューマーの立場で，資金提供者，政策担当者，政治家，官僚，精神科医などのサービス提供者，ユーザー，家族などのケアを提供する方々と，「見せかけでない本物のパートナーシップ」を結ぶことの大切さを熱く語りました。

私は1999年にチリのサンチアゴで初めて彼女と出会い，彼女の誇り高いが，気さくで偉ぶらない人柄，ユーモアと説得力に魅了されていきました。シドニーにある彼女の本拠地，精神科リハビリテーション協会（PRA）を訪ねた以外にも，バンクーバー，ロンドン，香港，アテネ，南アフリカのケープタウン等でのWFMH理事会や総会で彼女と会うたびに旧交を温めながら，国際舞台での活躍，彼女の当事者への深い思いやりや熱い主張に心動かされてきました。私自身，かつて精神科医療や精神障害を抱える患者さんへの偏見・非好意的態度について研究したことがあり，愉快な接触体験を持つことで好意的な態度に変わるという結論に至っていましたが，ジャネットさんとの家族ぐるみの交流を経験することで，専門家が声を大にして，「偏見解消！」と叫ぶより，当事者の社会的地位が高まり，発言力が高まることが何よりの偏見解消に役立つと実感しています。ジャネットさんは，夫のピーターや息子のティム，嫁と二人の孫に恵まれ，幸せな家庭を築かれていますが，夫も重度の障害がありながら，その一生を障害のある方々の権利擁護のために献げられた敬愛すべき方です。本書刊行準備中の10月24日に，その夫，ピーター・マアー氏の訃報が届きました。謹んで哀悼の意を表します。

ジャネットさんはすでに退職し，WFMH名誉幹事，オーストラリア精神保健委員会委員，オーストラリア・コンシューマー・ネットワークのパトロン等，多くの要職を引退されていますが，オーストラリアのコンシューマー運動の代表であるだけでなく，今なお国際的なリーダー

日本語版初版監訳者はじめに

の一人として活躍され，最近も講演のために台湾や日本，ヨーロッパを旅行されています。このような国内外における彼女の顕著な功績，精神障害者の人権擁護や奉仕を称えられ，1996年にはオーストラリア勲章（AM）を授与されました。本書の発刊に当たり，ジャネットさんのますますのご活躍と，日本の当事者の皆さんの地位向上，社会参加へのさらなる寄与を祈念致します。

山本和儀

野中猛先生に捧ぐ

　2006年8月，野中先生を団長としてオーストラリアの精神保健福祉事情を視察してから，もう9年の月日が経ちました。その際，オーストラリアの精神保健福祉ネットワークの設立者の一人であるジャネット・マアーさんから心温かいおもてなしを受けながら，「本物のパートナーシップとは何ですか」と問われたことを昨日のことのように憶えています。ジャネットさんは，その問いに対して，「精神障害をもつ人が自分らしく生活し，学びあい，意義ある仕事ができる地域づくりは万国共通のものです。そのためには，精神障害をもつ本人と専門家との間に本物のパートナーシップが必要なんです！」という熱いメッセージを語りながら，本書である"Partnership or Pretence"を私たちに見せてくれました。そこには，パートナーシップに関するエッセンスがつまっていました。そして，ジャネットさんは日本の当事者の方にも読んでほしいと私たちに翻訳を託して下さいました。それから，私たちは一人でも多くの当事者の方に読んでいただけるよう日本語訳するミッションを何度も確認しながら今に至ります。

　ジャネットさんらの当事者活動については，野中先生に会長を務めていただいた日本精神障害者リハビリテーション学会誌の中に，「精神病院から街に出たセルフヘルプ活動——オーストラリアのCANから学ぶ」をテーマとして『精神障害とリハビリテーション』Vol.1 (1)，25-28，2007．に所収させていただきました。

　野中先生は精神科リハビリテーションにおける本物のパートナーシップとは何かを研鑽するためにも，本書が世に出ることを願っておられました。最後の最後まで，医師として，支援者として，一人の人間として，

自分は当事者からパートナーとして選ばれるのか，そのためにはどうしたら良いのかを熱く語っておられました。野中先生，ようやく，本書が出版されます。野中先生のその思いがこめられた本書が一人でも多くの方々の手に渡り，「本物のパートナーシップとは何か」を当事者と専門家が共に学ぶ機会が増え，実践の場で実を結ぶことを見守っていて下さい。野中先生，多くの学びとご支援をいただき，本当にありがとうございました。

栄セツコ
平田はる奈

目　次

原著者はじめに ………………………………………………………… 3
監訳者はじめに ………………………………………………………… 7
日本語版初版監訳者はじめに ………………………………………… 9
野中猛先生に捧ぐ ……………………………………………………… 13

第1章 ● 背　景 …………………………………………………… 21
　この本のルーツ …………………………………………………… 21
　この本が必要とされる理由 ……………………………………… 22
　そして，何が起こるのか？ ……………………………………… 23
　そのために必要なこととは ……………………………………… 23
　私たちが立つべきスタート地点とは …………………………… 25

第2章 ● 何が，問題なのか？ ………………………………… 27
　コンシューマーが参画していくための政策とは ……………… 29
　組織化すること …………………………………………………… 30

第3章 ● パートナーシップ …………………………………… 31
　専門家の態度にある差別 ………………………………………… 33
　見せかけだけの参加 ……………………………………………… 33
　代表すること ……………………………………………………… 35
　守秘義務 …………………………………………………………… 40

第4章 ● エンパワメント ……………………………………… 45
　エンパワメントの特性 …………………………………………… 45
　エンパワメント …………………………………………………… 46
　イネイブラーとしての専門家 …………………………………… 46
　コンシューマーの役割 …………………………………………… 47

  エンパワメントしたコンシューマー……………………………………… 48
  エンパワメントに関する自己評価チェックリスト…………………… 48
  結　果………………………………………………………………………… 49
  かかわりあうこと………………………………………………………… 49

第5章 ● アドボカシー……………………………………………………… 53
  権　利………………………………………………………………………… 53
  知識は力……………………………………………………………………… 54
  アドボカシーの種類……………………………………………………… 56
  基本的に必要とされること……………………………………………… 59

第6章 ● 参　加……………………………………………………………… 65
  障　害………………………………………………………………………… 65
  抜け出す方法……………………………………………………………… 65

第7章 ● 成功しているコンシューマー組織…………………………… 69
  組織を危機に導く要因…………………………………………………… 70

第8章 ● 訓　練……………………………………………………………… 73

第9章 ● リハビリテーション, リカバリー──自己決定を通して
 ………………………………………………………………………………… 75
  地域社会の統合：ラングリーの踏み石………………………………… 77
  エンパワメントの原則：ファウンテンハウス………………………… 77
  市民権を奪われている人たちのインクルージョン：ファウンテンハウス …… 78

第10章 ● 何が, 答えなのか？……………………………………………… 81
  その結果として…………………………………………………………… 81
  政府と官僚にできること………………………………………………… 82
  サービス提供者にできること…………………………………………… 83
  コンシューマーにできること…………………………………………… 84
  社会にできること………………………………………………………… 85

目 次

第11章 ● パートナーとしてのコンシューマーとは？ ……… 87
 コンシューマーが与える影響 …………………………………… 87

第12章 ● それは失敗？ それとも，チャンス？ …………… 91
 もし努力が失敗に終わったら …………………………………… 92
 つらい現実 ………………………………………………………… 93
 倫理的であること ………………………………………………… 95
 誠実であること …………………………………………………… 96
 倫理的な振る舞い ………………………………………………… 97
 結果を報告すること ……………………………………………… 98
 コンシューマー活動を記録に残すこと ………………………… 99
 コンシューマー運動の人口的背景 ……………………………… 100

第13章 ● あなたがやっていることは，私にはできません！ … 101
 肯定的な態度 ……………………………………………………… 101
 否　認 ……………………………………………………………… 103
 受け容れる ………………………………………………………… 104
 リカバリーとは …………………………………………………… 104
 リカバリーのためのパートナーシップ ………………………… 106
 前進し続ける ……………………………………………………… 106
 ケアワーカーの役割 ……………………………………………… 107
 リカバリー vs 実践 ……………………………………………… 109
 専門家 !? …………………………………………………………… 110

第14章 ● あなたのことを何と呼んだらいいでしょうか …… 115
 言葉づかい ………………………………………………………… 115
 オーストラリアでの"コンシューマー"という言葉 ………… 116
 歴　史 ……………………………………………………………… 116
 そのほかの，よく使われる用語 ………………………………… 118

原著者おわりに ……………………………………………………………… 121
訳者おわりに ………………………………………………………………… 123

コンシューマーの視点による
本物のパートナーシップとは何か？
──精神保健福祉のキーコンセプト──

第1章 ● 背　景

　この本を書くにあたり，分かりやすく，皆さんが読んでいて要点をおさえられるように努力しました。オーストラリアにおける精神障害者のコンシューマー運動については，すでに多くのことが語られてきました。コンシューマーたちは行動し，変化することやかかわりあうこと，真のパートナーシップやエンパワメントを得ることを心から望んでいます。

この本のルーツ

　人権と機会均等に関する委員会から『人権と精神疾患』という報告書が発表されました（1993年10月）。オーストラリアにおいて，コンシューマーの役割をより確かなものにしていく方法を検討するには絶好の機会でした。とりわけ，彼らの参加能力を高め，パートナーシップを育てていくのにとても良い機会となりました。

　この本を書くための調査や準備をする中で，情報が世の中には豊富にあり，多くのコンシューマーたちが海外で活躍されていることは知っていました。オーストラリアでは，コンシューマーが役割をもって活動するために必要な専門技術や知識を手に入れるための資金援助がなかなか得られない現状があります。

　そこで，私は"チャーチル・フェローシップ"を申請することにしました。これは正しい選択でした。ウィンストン・チャーチル・トラストからの援助のもと，イギリス，アメリカ，カナダの各地を訪ねることができました。訪問先は80カ所を超え，そこで私はコンシューマーのセルフアドボカシーとエンパワメントプログラムについて調査しました。

この本は，その研究報告書をもとに書いています。この本は，私たちのために生まれたものであり，コンシューマーが成長するための第一歩になると言えるでしょう。

この本が必要とされる理由

　オーストラリアにおけるコンシューマー運動は，その可能性を十分に引き出せていませんでしたが，ある意味，前向きにも解釈することができます。なぜなら，他の人たちからアイデアやモデルを学ぶことができ，海外のグループの成功事例や諸問題，そしてそれらの経験から教訓を得ることができたからです。
　この本を書く中で，イギリス，アメリカ，カナダなどのコンシューマーに役立つ情報を得ることができました。
　私自身も含め，多くのコンシューマーたちは，長年，精神保健福祉や精神疾患の分野に関連して見られる否定的な態度や無知，権利侵害，不公平な扱いに立ち向かってきました。
　この本は，次のことを始める動機や方法を与えてくれます。

- 理解に欠けた態度を正し，改めること
- 無知に向き合うこと
- 権利侵害に正面から立ち向かうこと
- 利用するサービスが公正なものになること

　いわゆる"コンシューマー主義"がまだ正しく理解されていなかった時代を知っている"古い時代の"コンシューマーたちもいます。実際に，精神保健福祉の諸問題あるいは"神経質"，"ノイローゼ"，そして"精神障害"などは，社会では不快なものとして捉えられることが多く，

そのことで何か意見を述べようものなら，変わり者扱いされるように感じたものでした（実際に，そのように扱われたこともよくありました）。私たちはせいぜい，奇妙な人種，新参者でしかなかったのです。

しかし，新参者や変わり者のように扱われた時代はすでに過去のものとなっています。今や私たちは社会的に公正な時代に生きています。精神保健福祉の問題を抱えていたとしても，障害のある人々がその社会の公正な一員となることは当然のことなのです。

そして，何が起こるのか？

治療法，私たちに無関心な政策，スタッフの不適切な対応によって，コンシューマーたちが身体や心を傷つけられる危険性がないとは言えません。そのことを懸念する必要をなくすことが，私の長年の希望であり，求めているゴールなのです。

コンシューマーが自分の処遇に対して発言することによって，より公平なサービスが保証されるようになるでしょう。

そのために必要なこととは

精神保健福祉におけるサービスの質は，コンシューマーがサービス提供者といかに同じレベルで参画できるかにかかっています。例えば，次のものにはコンシューマーの意見が取り入れられなければなりません。

- サービス提供におけるすべてのこと
- 政策づくりに関すること
- コンシューマーの生活の質に影響するすべてのこと

エンパワメントやセルフアドボカシーを経験していくことで，コンシューマーは，治療専門家やサービス提供者とパートナーシップのもとで協力して取り組んでいくことを学びます。
　例えば，あなたが慢性のあるいは重度の精神疾患をもっているとします。そして，サービス受給者として精神保健福祉システムにかかわる何らかの体験をしたとしましょう。それをきっかけに，もしあなたがエンパワメントやセルフアドボカシーのプログラムに関心をもったとしたら，その動機に勝るものや，それ以上の良い訓練はおそらくないでしょう。なぜなら，それはコンシューマーの観点だからです。しかし，私たちが勧めたいのはこのような経験や動機付けのレベルではありません。
　以下のすべては，エンパワメントやセルフアドボカシーのプログラムを促進していくために必要なものです。

- 好意を示すこと
- ユーモアのセンス
- 精神医療のサービスを利用してきた人たちに共感する力

　これこそが，『参加への道』なのです。
　この参加への道はパートナーシップへの近道となりますが，次の3つの要素が欠かせません。

- 力を持っている人が，下向きに力を分かち合うこと
- サービスを受けている人が経験を上向きに分かち合うこと
- 双方のレベルの人が学び合うことにより互いの経験を分かち合い，そしてそれを積み重ねていくこと

私たちが立つべきスタート地点とは

　それでは，この本の内容について注意深く考えてみてください。見せかけだけではないかを見極め，本物のパートナーシップに欠かせないものは何なのかを見抜く必要があるからです。

　ここで心しておかなくてはならないことは，新しいことを取り入れ今までと違った見方をすることはたいてい簡単に否定されてしまうということです。なぜなら，政府や官僚，サービス提供者，そしてNGO（非政府組織の団体）は古くからの経験や"従来通りのやり方"に慣れ親しんでおり，そのように物事を進める方が楽だからです。

　この状況に立ち向かい，新しい方向へ向かうためには，積極的に参画し取り組んでいかねばなりません。私が心から願っているのは，人生をどのように歩んできた人でも，コンシューマーのエンパワメントやセルフアドボカシーのプログラムによって価値あるものを手に入れられることです。そして，彼らすべてに見せかけではない本物のパートナーシップが約束されることです。

　資源や情報を入手でき，何が可能で何が役立つものかを分かっているにもかかわらず，凝り固まった考えに阻まれて，それらを活用できないとき，私たちは挫折感を味わいます。それらがコンシューマーや家族に力を与える価値があるものであればなおさら苛立ちを感じるものです。

　本書は，「しかるべきときに，しかるべき人々のために，しかるべき真の目的を果たす」あなたにとって役立つツールとなるでしょう。

　すでにご承知のとおり，概して官僚体制の考え方に，こちらに耳を傾けるという十分な姿勢はありません。パートナーシップを築き上げるためにともに取り組んでいきたいと私たちが強く願っていても，その準備さえできていない状況なのです。その意味では，この本が相互理解を深めるための橋渡しとなり役立つことを願っています。

私は，新たな変化や進歩のときが足早に近づいていると信じたいのです。オーストラリアにおけるコンシューマー運動の波は，それを感じ始めたばかりの官僚やサービス提供者にも届き，効果を発揮するでしょう。たとえその他のすべてが失敗したとしても，コンシューマーや家族にとっては自らをエンパワメントできる機会となることは間違いありません。

ケアラー，サービス提供者，コンシューマー，それぞれに異なった立場や見方がある。

第2章 ● 何が，問題なのか？

　コンシューマーには，必ず周囲から否定的でステレオタイプな考え方で扱われた経験があります。世界中を旅する中で目の当たりにした私が言うのだから本当です。彼らの声に耳を傾けてみました。
　私はコンシューマー，官僚，専門家，サービス提供者たちと話し合いました。そこでは，コンシューマーのことが，無能，教養がない，非協力的，素直でない，道理をわきまえない，非理論的，知識がない，信頼できない，あてにならない，打ち解けない，暴力をふるう可能性がある，などと表現されていました。
　その状況は，オーストラリアのコンシューマーたちがいたるところで報告している経験と一致していました。オーストラリアには，そのような経験についての一連の報告があります（人権と機会均等に関する委員会からの報告書『人権と精神疾患』，全国地域諮問グループの報告書『行動に移すことを話し合おう』など）。
　正直に言えば，これらの特徴はどの集団の人々にもあてはまることです。どの集団にも信頼に欠け，規則に従わず，道理をわきまえない人々はいるものです。バスに乗車している人々，フットボールチームのメンバー，医療関係者，政治家，社交クラブメンバー，そして精神保健福祉コンシューマー，どの集団にもいます。コンシューマーにこのようなレッテルが貼られているということは，社会が私たちを否定的でステレオタイプに扱っているということを意味しています。暗黙の了解として，私たちの障害を不快なものとして扱っている，ただそれだけのことです。
　私は，精神障害者に対する否定的でステレオタイプな考え方の存在を認めるとか認めないとかいうことを言いたいために，本を書いたわけで

はありません。"その事例を議論する"ことでそのような差別的な態度を正そうとする発想さえ，言うなれば極めて不快なことだからです。

しかし，特定の集団に対して，"統一的な"見方があるとどうなるでしょうか。今回で言えば，精神障害をもつコンシューマーのことになりますが，とても否定的な特徴が彼ら／彼女らにあった場合，他の要素はすべて同じなのに非難の対象とされてしまうでしょう。これは，ラベリング理論や，いわゆる行動の条件づけ，力の支配関係，道具的条件づけと同様の見方です。いたるところで少数派グループが無力化されているのも同じことです。

しかし，特異な行動が"観察"されるからといって，必ずしも以下のことがあてはまるとは限りません。

- 観察者は正確に観察している
- 特異な行動が起こるとしたら，それは全く予測なしに起こる
- 特異な行動は代わりとなる行動が学習され，それができるはずなのに起こってしまう
- 特異な行動は異なる集団や環境でも起こる

コンシューマーに対する否定的でステレオタイプな考え方は，一般の人々や専門家が彼らへ抱いている期待の低さとともに見直されなければなりません。私たちは，以下のアプローチをする必要があります。

①コンシューマーと専門家への教育
どのようにして，エンパワメントやセルフアドボカシーが成り立ち，リハビリテーションが行われるのか。そして，なぜそれらの過程に自己決定が欠かせないのかを理解する。

②一般の人々への再教育

精神疾患の特性とそれが及ぼす影響に関する教育。精神保健福祉の課題や精神疾患が，個人，社会，環境，感情に，及ぼす影響を理解する。

③コンシューマーへのエンパワメントプログラム

否定的なステレオタイプの考え方が，自己イメージに与えている悪影響を，コンシューマー自身が克服できるように支援する。

コンシューマーが参画していくための政策とは

MINDは，イギリスにおける精神保健組織のトップにある団体です。MINDは，コンシューマーの完全なる参画を，次のように説明しています。

- 平等な市民権があること
- 精神保健福祉サービスが尊厳と敬意をもって提供されていること
- 治療と権利に関しての十分な情報があること
- 治療とケアにコンシューマーが参画していること
- それぞれの分野において，独立した権利が守られていること
- 平等な機会が保証された上で，雇用やサービス提供においてコンシューマーが広く参加していること
- サービス計画，運営，評価にコンシューマーが参加すること
- 安全に参画できることを保証するための政策があること
- コンシューマーによる職員への訓練があること
- コンシューマーが参画するための実質的な規定と手段があること

コンシューマーによる参画には，以下のことも含まれています。
「自分自身の身の回りのこと，治療や精神保健福祉サービス全般につ

いての意思決定に参加でき，その際に相談もできる。相談とは決定ができるよう，心を開きながら幅広い分野の人々とかかわりあう過程を意味する。そのため，相談者に対し相談結果がどのようにフィードバックされるのかを明らかにする必要がある」

　本質を言えば，コンシューマーの参画とはパートナーシップを築き上げる方法であり手段なのです。コンシューマーが積極的に参画すべきなのは次の二点です。

- 提供されるサービスについての決定
- コンシューマーの生活に影響する選択肢の決定

さらにパートナーシップを築く上で大切な要素は以下の四点です。

- 組織化すること
- 偏見差別を克服すること
- 相手の態度に壁がないか見分けること
- 見せかけだけの差別撤廃等の困難さを払いのけること

組織化すること

　参画する政策には，個人的に活動するものだけでなく組織的に行うものもあります。それは以下のことを目的としています。

- 差別的態度やその習慣を取り除くこと
- 参加とパートナーシップへの壁を克服すること
- 見せかけだけの差別撤廃や決まり文句に気づき，払いのけること

第3章 ● パートナーシップ

　パートナーシップを構築するために，コンシューマーにとって必要不可欠なことがあります。個人として，集団として，そして組織として，利用者の立場で政治的特権を行使することです。それは適切に行われるべきであり，以下の場合に必要となります。

①管理的方法を用いるとき
　例：必要なサービスのマネジメント，ケアプランのマネジメント

②拒否権を行使するとき
　サービス提供者が示した条件や言葉が，不適切で標準以下のサービスであったときには応じない。そのことを，意義深い話し合いをもって行う。

③参画するとき
　どのようなケアやサービス提供への参画であっても，自分たちのケアプランを立て実行していくときには，専門家と共同して責任を負う。

④キャンペーンをする権利を行使するとき
　コンシューマー会議，政策運動，メディアや一般向けの意識向上のキャンペーンは，政策の情報を提供し，しかるべき人たちに問題を投げかける手段となる。

　このような活動をしていくには，コンシューマーが組織化する必要があります。即座に政治的活動となるので，目的を達成するためには集団

コンシューマーは，すでに直面している問題がわかっている。

や組織として団結するのはよい方法です。

　一般的に，イデオロギーは集団として集まることや一つの理想のもとに団結するようコンシューマーたちを駆り立てます。それは新しくできた集団に何らかの力をもたらします。

　そうなると次は，共通の目的を達成するために同じ考えをもった人々が集まり団結していきます。

　私の経験から言えば，グループが発展する初期段階で，いつも大きな危機が訪れます。私の知る限りでは，この危機が起こるのを止める手立てはなく，ただ避けられないものとして考えるしかありません。このことについては，後に詳しくお話しすることにします。

専門家の態度にある差別

　コンシューマーや家族に対する社会の反応は否定的で排他的であり，彼らはそこに差別を感じます。そして，その差別は精神医療サービスの体制，個々の専門家が相談を受ける態度やその内容に根深く存在しています。

　精神保健福祉サービスで示される態度は，地域社会のあるべき姿を示す一つの良い例となります。よって精神保健福祉領域の専門家の方には，価値と尊厳をもってコンシューマーとかかわる責任があるのです。

　残念なことに，多くのコンシューマーが専門家たちの姿に嫌な思いをした経験が報告されています。彼らによれば，専門家たちは，

- 人を診断名に基づいて大筋理解できるものと考えている
- 健康に影響している個人的，社会的な問題を見落としている
- コンシューマーの立場にはほとんど共感せず，個々人のもち味もほとんど理解していない
- 回復や成長の可能性に注意を向けない
- 専門家たち自身の感情や精神状態を正しく認識できていない

　コンシューマーの立場からすれば，多くの専門家が"リハビリテーション"や"リカバリー"が必要な状態にあるのです。

見せかけだけの参加

　コンシューマーが参画したとしても次のような場合，それは見せかけと言えます。

電話，FAX，eメールを見ることやファイルシステムにアクセスすること，託児所，交通費や技術的な情報……。いいかい，我々はこういったことについては，一切君に提供できないんだ。
でも，君がなすべきことについてはたくさん与えてあげられるよ！！

- 力や影響が実質的に伝わってこない
- "相談"をしても真の変化や交渉に結びつかない
- 本来の参画に役立つ手段，知識，情報，訓練や支援が得られない
- 重要な関係者の差別や態度が障壁となり，それらを克服できない

"見せかけ"は，それを取り除こうという強い決意がない場合や，そこまでの力がまだ十分でない場合に見受けられます。それは力を分かち合うことを好まない人々の抵抗であり，最後の逃げ場となっていることに疑いの余地はありません。しかし逆説的ではありますが，幸いにも有意義な参加をするための道のりをようやく歩き出せたとも言えるので

す。参加は，私たちが目指している理想なのです。

しかしながら，参加することに障壁があることも忘れてはなりません。

- 経済的不利
- 自信喪失
- 情報や知識を得ることへの拒否
- 難解な専門用語や曖昧さ
- 個人的情報が公開される危険性
- 現状に積極的に挑むことからくる個人的なストレス

パートナーシップと参加へ辿り着くための道のりにおいて，これらはすべて克服しなければならない事柄です。

代表すること

　代表することの問題についてお話しましょう。少数派グループを代表して活動していると，なかなか正しく理解されないことが多く，常にジレンマを感じます。意図していることが故意に違うかたちで伝えられたり，誤った解釈をされたりする場合もあります。代表するには，正しく伝えたり，解釈したり，コンシューマーの声を効果的に高めていく必要がありますが，それにはかなりの危険性があるということです。
　また，ジレンマがあります。自分たちのために他の人たちが語ったり決めたりすることについて，不十分な知識のままそれが正確な事実だと思われてしまうことがあります。できるだけ避けたいことですが，コンシューマーたちはそれがなかなか難しいことをよく分かっています。
　"代表する"という概念には，それ自体危険が伴います。そのような状況について，MINDも以下のように述べています。

「代表的なユーザー（コンシューマー）を代表することを限りなく追求したとしても，精神保健福祉サービスの多くの面には不満が出てしまう。この事実はどうしても変えられないものだ」

いろいろな少数派グループは各々が特別なニーズや関心をもっていますが，そういった状況を考えると問題はさらに複雑になります。MINDの言葉を再び借りるならば，

「……それぞれのグループからの声が届くことを確実にしていくにはまだ長い道のりがある。無視され続けてきた人もいれば，差別されることを恐れて声に出せない人もいる。彼らのニーズは叶わないままだ。例えば，黒人，高齢者，英語を母国語としない人たち，ホームレス，レズビアンやゲイ，身体的にあるいは学習能力に障害をもった人たちについても同様である」

少数派ゆえに不当な扱いを受けているグループの代表をすることで，多くの組織がベストを尽くしながら，このジレンマに向き合っています。彼らにできるのは，自身の体験を個々人に向けて話すことだけです。

組織化の段階に参加するとき，見せかけの目標や"代表すること"の必要性に重点を置きすぎて限界を迎えることがあります。それを乗り越えた人たち（サバイバー）は，見せかけであるのは単に数においてだけではないと警告しています。

「専門家の委員会においてユーザー（コンシューマー）が1人しかいないのはもちろん悪い習慣だが，だからと言って2人，3人，もしくは4人のユーザーがいればその危険な状態が単に防げるというわけではない（たとえユーザーが多数派となって集まったとしても，それはまた他の問

題につながる場合もある)。懸念すべきは,単に数の問題ではなく,いかにユーザーが物事を決められる状況におかれているかということだ」

そして,コンシューマーが各種の委員会に参加していくことや,次のような事柄が保証される診察や相談が可能になることを勧めています。

- 提供されるものが明確であり,情報が分かりやすい。与えられた情報をよく考え,質問することができる
- 参画することが単に形だけのものではなく,実質的なものである
- 既存の組織や物事を進めるプロセスについての調査がある。ミーティングの運営方法や議事録の書き方などについて,検討を重ねるべきだという考え方がある
- 各種の問題についてよく考える時間が大切であり,必要なこととして確保されている。もし相談のための時間が短すぎる場合には変更され,そのままで終わることはめったにない
- 参加することが注目され,前向きなイメージが与えられている

委員会に参加したり診察や相談を受けたりする中で,自分たちの見解を表現できるようコンシューマーは努めていますが,代表することのジレンマにより,彼らの立場に自信を失ってしまうことがよくあります。多くの場合,共通の見解を得るために当事者グループのような形が必要になります。

サバイバーたちは,次のような説得力ある意見を述べています。

「ユーザ(コンシューマー)が代表になるよう求められたとしても,勝ち目のない立場に置かれる可能性がある。熱烈にはっきりと考えを述べるので,何か個人的に恨みを抱いている特殊な人たちなのだろうと,

どうしても思われてしまう。ユーザーが参加するときにはいつでも，誰かがこう尋ねたがる。『彼らはどういう人たちを代表しているのか？』」

「一見したところ，これは道理にかなった質問だ。しかし，個人的な意見を言ったり，奇想天外な見解を述べたりしそうな人たちでも，それが専門家で構成されたグループであった場合には，このような質問が出てくることはまず稀である。また残念なことに，見たところはユーザーの参加を求めているのに，代表者を選ぶといったシステムにまで発展させることは好まない組織も多くある。これは私たちの戦略を妨げるものであり，取り組むべき問題でもある」

MINDは，コンシューマーに対し，自分が"代表"する立場になったときに，以下のことを心がけておくよう勧めています。

- あなたが代表していることを主張できる相手が誰なのかを明確にしておくこと。グループを立ち上げたメンバーたちは，もちろん幾通りかの方法でグループを代表することができる。しかしコンシューマーを一般化して代表することはできない。なぜならば，大多数のコンシューマーがそのグループに参加しているわけではないからだ
- 前述のことを認識していることで，あなたの正当性は確実なものとなっていくだろう
- コンシューマーのグループが，他のコンシューマーに対して調査をしようとしたとき，それを支援し可能にすること
- 異なる立場の人たちにも情報を求めること
  例：他のコンシューマーグループ，病棟の患者たち，少数派グループなど
- 苦情やニュースレターへの投稿の声を情報として役立てること

第3章 ● パートナーシップ

要注意!! 定められた指示を守って使用すること，意思決定の及ぶところには保管しないこと，など注意・効能・効果が書いてある"コンシューマーだましの薬"

　たとえあなたが雄弁に語り，すべてのことを皆に訴えかけたとしても，あなたがどれほど仲間たちを考慮してきたかについては気にかけてもらえません。皆から"コンシューマの意見"を得たいと願って代表を務めていても，残念なことにそれが正しく伝わるのは非常に難しい現実があります。私たちにできるのは，"情報に基づいた"コンシューマーの意見を提供し，プロセスを作っていく上での決定がコンシューマーに関する"情報に基づいて"なされるよう貢献することくらいで，コンシューマーの視点そのものを伝えることはできないのです。
　私たちは自分自身について意見や見解を述べることができます。情報を得ることができ，教育を受け，雄弁でさえあります。私たちの仲間やグループのメンバーの見解を，平等に代表的視点として伝えることはできるかもしれません。私たちは依然として，これらの情報提供をする"代表"のままなのです。このことは代表するということの限界にもなり得ます。つまり私たちが代表するのは，個人的な経験の総和としての自分たち自身であるということです。このように，"代表すること"と"代表性"

「大変失礼ではございますが，あなた様の名前を汚し，スティグマをつけさせてもらってもよろしいでしょうか!!」

とは極めて異なるものであり，その理解が難しいのです。代表することは可能であり，代表者にもなれますが，あなたのつながりや経験があなたの代表性を制限してしまうのです。

守秘義務

　他の人たちやグループのために委員会で代表を務めるという状況では，ジレンマはますます大きくなっていきます。このジレンマは，ある問題を示しています。私たちは他の人たちの代表としてそこにいるわけですが，話し合いで取り扱われる事柄は部外秘であるため，その委員会に参加している人たち以外とは話し合えないということです。

しかしフィードバックもしなければならないし，代表の責任も果たさなければなりません。この重大な障壁をどのように扱えばよいというのでしょう？　私の答えは明快です。もしあなたが代表を務めるのならば，あなたが代表する人たちにやはり必ず情報をフィードバックしなければなりません。それならば"秘密を守るべき"委員会の方の責任はどのようにして果たせるのでしょうか。それは簡単なことです。まずその委員会の責任者に，あなたの代表するメンバーたちに折り返し報告をする必要があると伝えます。報告したいのは，計画の内容や誰が何を話していたかということより，ミーティングで意見を交わした"関連問題"についてであり，試しに一つか二つの簡単な報告文を書いてみましょうかと言ってみるのです。そのときに渡せるよう下書きも用意しておくとよいでしょう。この方法は常に有効です。なぜならば，守られるべき秘密とは計画案・新たな改革事項・財源についてか，人事異動についてかのどちらかだからです。"注目の話題"について率直に意見を述べたい人々の守秘義務が徹底されることで，より開かれ情報に基づいた議論が可能になるということです。

　例：あなたが，地域の保健管轄地区の小委員会の"戦略的な10ヵ年計画"を考える代表だとします。その会議の報告書は"極秘"にされています。あなたはどのように任務を遂行し，グループに帰って話し合われた内容を報告しますか？
　　　これは，あなたができる報告例です。

――報告――
"○○○のミーティングは，×年×月×日に△△にて開催されました。一連の事柄が議論されました。

　私たちに最も関連した話し合いは，□□□□についての計画の内容を中心としたものでした。自分たちの問題であるため，行われる場所，計画や戦略をこの目で見てみたいと思っています。私はそのことをはっきりと述べ，その立場を取りました。

　××のような進展をしていると見えましたし，○○と□□のグループはコンシューマーの問題に取り組んでいることが分かりました。どのように私たちの問題が最終文書の中でまとめられるのか注目していきたいと思っています。

　○○と□□については，今後方向性を見失う可能性もあるので，引き続き見守っていくようにします。

　全体的に見れば，ミーティングは×××で，秘密は守られながらも，私たちがこうして話し合い，情報を得られるような価値ある事柄が議論されていました。"

第3章 ● パートナーシップ

コンシューマーは，専門家にお願いしている。"心配しないで！ 私は話がしたい，いくつかの考えをやり取りしたい，問題について議論したい，関心事を表現したい，政策についてコメントしたい，……それらを専門家の人と一緒にしたいの‼ 文化を変えたいの……"だが，専門家は"はきはきしているなあ"と恐れている。

第4章 ● エンパワメント

　海外にいくと私は,「エンパワメントの意味はなんですか」と尋ねることにしていました。そのとき,「何とおろかな質問をするのか」という表情で見られてしまうことが多くありました。私の結論は,組織のサービスや方針を決めること,組織のメンバーになることも,エンパワメントに関連するということです。しかし,このことがオーストリアのすべての当事者にあてはまるとは思っていません。

　私の経験では,オーストラリアの政府は当事者のエンパワメントに見せかけだけの注意を払っているにすぎないというのが現状です。

　私が組織側の人間であれば,コンシューマーは大人しく,あまりパワーがないほうがよいと思うでしょう。そのほうが扱いやすく,管理しやすいからです。物事がうまく運ばなくても,コンシューマーが騒ぐことや"問題"を起こすことが少なくなるからです。

　このことから,コンシューマーのエンパワメントに真剣に取り組むには,組織側の人間が誠実であること,コンシューマー自身が力をもつようにかかわることが必要になってきます。

エンパワメントの特性

　エンパワメントした人とは,以下の要件を備えています。

- これからの人生に対して,対処できる自信がある
- 病気があっても,今の自分に対して自信がある
- 自分がしたこと・されたことを理解している

- 自分の希望を言葉にすることができ，尊敬と敬意をもって，一人の人間としてつきあうことを望んでいる
- 自分の生活に責任をもち管理することができる
- 必要な支援を利用して，自分の知恵に基づいて選択し決断できる

エンパワメント

エンパワメントとは，"自分の生活に影響力をもつ人々や団体に，自分自身がより影響力をもつことができるようになる過程" という意味があります。

エンパワメントの実現には，コンシューマーがサービス提供者や政府官僚と対話できる場が必要です。この対話が "パートナーシップ" と呼ばれるものです。

パートナーシップは共通の目標に向かって協働することを意味し，互いの技術，知識，ストレングス，能力を学びあいながら進めていきます。

イネイブリング（Enabling）

「イネイブリング」とは，パワーがなくなってしまった人たちがパワーを取り戻していく過程を意味します。イネイブラーには，人だけでなく，サービスや社会資源も含まれており，それらを利用することがコンシューマーにとって自分自身のパワーを増強していく機会になるのです。

エンパワメントを目指して，自分の生活に責任をもち管理できるようになる過程を作り出すことが「イネイブリング」ということです。

イネイブラーとしての専門家

イネイブリングの過程において，精神保健福祉システムにおけるサー

ビス提供者の行動がとても重要になります。サービス提供者をはじめ，専門家は自分の価値観や専門家に求められているものに注意を払うことが求められます。

以下，専門家が求められる点について示します。

- コンシューマーに情報，サポート，資源を提供する
- コンシューマーの声に耳を傾ける
- コンシューマーに対する責任を真剣に受け止める
- コンシューマーと力を分かち合う
- コンシューマーの決定を支持する
- コンシューマーが適応し成長する時間の大切さを認める
- コンシューマーを一人のクライエント，一つの事例，症状の集まりとしてみなすのではなく，異なるニーズや要求，権利，そして意見をもつ個人として尊重する
- コンシューマー自身に影響を与えることについて話し合う
- コンシューマーの批判を受け入れ，それについて省察する
- コンシューマーが，文書，資源，情報に容易にアクセスできるようにする
- 専門家は専門用語ではなく，コンシューマーに分かりやすい言葉を使う
- 専門家は見せかけのものや，過剰な保護につながる習慣は改める
- リハビリテーションの過程の不可欠な要素として，専門家はエンパワメントに焦点をあわせたプログラムを実行する

コンシューマーの役割

コンシューマーがエンパワメントするには，本人自身や所属するグ

ループが担うべき役割があります。自己決定や訓練を通して，アドボカシー，参加，成功している組織，リハビリテーション，リカバリーの過程は有効な道具となります。

エンパワメントしたコンシューマー

エンパワメントしたコンシューマーは，以下のような人を示します。

- 情報と知識をもっている
- 自分の治療とケアについて選択できる
- サポートを利用しながら，治療とケアを試すことができる
- 政府の政策の発展，精神保健福祉サービスの管理，NGO・関連団体などに貢献できる

エンパワメントに関する自己評価チェックリスト

以下にあげる項目は，コンシューマーのエンパワメントがどの程度行われているのかを自己評価する際に役立ちます。

- その人の立場なら，私はどのように感じるだろうか？
- 私は何を要求するだろうか？
- 私はどのように対応してもらいたいだろうか？
- 私は真剣に受け止められることを期待するだろうか？
- 私は自分に影響を与えることに関して，その決定過程に参加したいだろうか？
- 私は治療計画や将来設計に関して相談されたいだろうか？
- 私は選択肢が用意されることを望むだろうか？

- 他の人が私の考えを無視して決定をしたら，私はどう思うだろうか？
- 私は一人の人としてつきあってもらうことを期待するだろうか？

上記の点について自己評価をしたあとで，最後の質問に回答してみてください。

- 私は実際にこれらのことを行っているだろうか？
  例：コンシューマーの一人ひとりと話し合っているだろうか
  　　コンシューマーの声を真剣に受け止めているだろうか
  　　コンシューマーの上に立った態度を取っていないだろうか
  　　コンシューマーに敬意を払っているだろうか
  　　コンシューマーのために決定しているだろうか
  　　コンシューマーに選択肢を用意しているだろうか
  　　コンシューマーを笑いものにしていないだろうか

結　果

専門家はコンシューマーをパワーレスにしていないだろうか，あるいはエンパワメントに向けて努力しているだろうか，この自己評価の質問をしてみることで明らかになります。

かかわりあうこと

コンシューマーがエンパワメントするには，専門家がコンシューマーとかかわりあうように努力しなければなりません。お茶を一緒に飲んだり，同情的な態度を示すだけではなく，資金の調達や事務所の貸与，必要な機材の提供はコンシューマーのエンパワメントに効果的なものです。

A bout
D ealing
V igorously
O ver
C onsumer
A ffairs
T ogether, for
E mpowerment

アドポケイトとは……
コンシューマーのエンパワメントのために積
極的に問題への対処方法を一緒に考えること

　MINDはコンシューマーとかかわりあう実践の鍵となる原則を，以下のように示しています。

- 必要な費用には，電話代，交通費などがある
- コンシューマーは病気の経験のない人と平等に扱われる
  例えば，コンサルタントやトレーナーに謝礼金が支払われるなら，コンシューマーにも同様に謝礼金が支払われるべきである
- コンシューマーに団体や委員会に役立つ技術を身につける訓練の機

会を提供する
- コンシューマーの社会貢献を認める
　彼らが提案したアイディアや仕事は，それを使う専門家ではなく，コンシューマー自身にその評価を返していくようにする

第5章 ● アドボカシー

　アドボカシーは個人やグループをエンパワメントに導きます。従来の精神保健福祉領域における伝統的なアドボカシーの概念はあいまいであり，ある特定の関心事をもつ人たちによって行われるものと考えられてきました。

- ボランティアグループ：慈善団体，支援団体，その他の団体など
- NGO：自分たちの提供するサービスや法律・制度など
- 政府関連：政府当局からの訪問者，患者ケア委員会など
- 支援者：ソーシャルワーカー，看護師，医療関係者など

権　利

　人権調査委員会は，精神障害者が非常に劣悪な状況におかれており，その人たちの代弁が適切になされていないと指摘しています。
　実際に，精神障害者は一人の人間として敬意が払われることはなく，正しい権利擁護や理解がなされていません。"特定の関心事"をコンシューマーに示すだけでは，コンシューマーを擁護し，社会における立場や権利を知らせるのに十分とは言えません。
　権利がなくなると，コンシューマーは次のようになります。

- 無力化を感じる
- 優柔不断になる
- 自尊心が低下する

- 不適切な感情を抱く
- 抑圧されても従順な態度を示す

自分の権利を理解すると，コンシューマーは次のようになります。

- エンパワーする
- 仲間を進んで助ける
- 自信をもつ
- 問題にうまく対処できる
- 社会において生産的な一員になる

自分の権利を知る方法は，セルフアドボカシーといわれています。

- セルフアドボカシーは，権利，責任，公平さへと導きます
- セルフアドボカシーに導く過程が，エンパワメントです
- セルフアドボカシーでは，知識を得ることで自身の弱点を補うことができます

知識は力

　アドボカシーとは，自分自身を，そして私たちが援助しようとしている人たちもエンパワメントしていく仕組みのことです。アドボカシーは自分自身や他の人の権利を促進することです。つまりアドボカシーとは，私たちが"当然"と思っている権利と言えます。

- 私たちは自身や他者のためにアドボカシーを行う機会と権利がある
- 私たちは同意できないことに対して意見を述べることができる

- 私たちは選択し決定できる
  特に自分の生活に影響する場合はそうである

　しかし，社会的に疎外されている人たちは，自分の生活に影響を与える選択や決定が制限されています。それが否定される場合もあります。コンシューマーは，自分の生活を管理する責任や権利をもっていません。
　コンシューマーにとって，診断は人道的でない結果を生み出します。だからこそ，アドボカシーが必要なのです。サービスの改善には，コンシューマーへの接し方が大きく変わらなければなりません。
　アドボカシーはあらゆる段階で促進される必要があります。アドボカシーはサービスの"質のコントロール"を可能にする道具になるからです。
　次の理由から，アドボカシーについて考える必要があります。

- アドボカシーは神秘的なものではない
- アドボカシーは新しい概念ではない
- 多くの専門家がもっているアドボカシーに対する脅威の感情を減らすように努める
- 精神保健福祉領域の課題をもつコンシューマーが価値のない人，パワーがない人と見られることがある。そのためコンシューマーがエンパワメントできる方法について考えることが必要である
- 精神保健福祉領域の専門家は自分の価値観や態度について見つめ直し，その価値観や態度を再評価する。専門家はコンシューマーを仲間として受け入れているか否かも評価する
- エンパワメントの原則を強調する

アドボカシーの種類

アドボカシーの種類と機能について説明します。あなたがこれから出会うさまざまな状況で適切なアドボカシーを見分けるのに役立ちます。

①セルフアドボカシー
個人またはグループの個々人が共通の目標に向かって主張することです。
（a）個人を基盤とした問題への取り組み

セルフアドボカシーとは，自分自身のために，またはグループの共通の目標を実現するために主張することです。「相談されなかった」「意見を求められなかった」「選択肢を与えられなかった」という状況で決定されてしまったことに対して取り組んでいきます。そのためには多くの支援者が必要です。特に，これまで真剣に受け止められてこなかった場合はなおさらです。このような支援は，コンシューマー・コンサルタントや代弁者から得ることができます。

（b）グループ・セルフアドボカシー

グループのメンバーが一体となって，自分たちのグループに影響を与えるような問題を代弁し，取り組み，キャンペーンを行います。それは多くのコンシューマーのために主張し，代表する団体になります。例えば，組合，患者の審議会，親のグループ，ケアする人のグループ，コンシューマーのグループ，ボランティア団体，これらすべてはグループによるセルフアドボカシーという目的のもとにあります。

（C）コンシューマー・アドボカシー

このグループは，地域社会にある問題，例えば，スティグマや差別などに取り組みます。コンシューマーのみで構成されるセルフアドボカシー・グループは相互支援を基盤に，共通の目的，問題に取り組みます。グループ自身の選択でワーカーを採用しているグループもあります。

②一般市民によるアドボカシー

このアドボカシーを行う人は，パートナーの観点から自分のことのように行動します。また，サービス提供者とも無関係であり，理想的にはボランティアあるべきです。このアドボカシーは学習障害の領域においてよくみられますが，認知症の人々，長期に精神疾患を患っている人々にも広く使われるようになっています。そして，このアドボカシーにはボランティア精神が基盤にあり，アドボカシーを必要としているコンシューマーの数だけボランティアが必要となります。コーディネーターは地域からボランティアを集め，パートナーとなるコンシューマーとペアを組みます。その後も，コーディネーターはボランティアの支援を行います。ボランティアはパートナーであるコンシューマーの要求を知り，これらが実現するように努力します。パートナーの要求が変われば，それに合わせて活動も変化します。

③家族によるアドボカシー

家族が家族のために代弁するというものです。

例えば，両親が子どもに代わって教師に話をしたり，認知症の親に代わって息子や娘が話したりします。このアドボカシーは，家族の構成員にとって最も良い解決となるように，誠実に取り組んでいきます。

④法的なアドボカシー

法的な枠組みや構成の中で機能し，法廷において，法廷弁護士や事務弁護士によって代弁されるものです。

例えば，病院の拘束に対して，法制度から反対意見を訴える場合があります。また裁判官からの聴聞，保証金の請求，訴訟，裁判などの代弁も含まれます。

⑤**公的なアドボカシー**

公的なアドボカシーには，次の三つの形式があります。

(a) 社会全体で問題に取り組むもの

公的なアドボカシーには，社会にある団体が満足していない問題への取り組みがあります。メディアの関心を引くために，大会の開催，デモ行進なども行います。長期的な目標を掲げながら，短期間で集中的に活動するために，行動に対するサポートを得ること，人々の良心に頼ることになります。

(b) 公的に認識されている問題に取り組むもの

公的に認識されている問題には，疎外されているグループに対するスティグマや差別，権利に関することがあります。これらの問題に取り組む団体には，労働組合，圧力団体，ボランティア団体などがあります。長期的な目標を掲げながら，組織的なキャンペーンを行い，疎外されているグループの代弁をします。精神保健福祉に関連する団体もこの団体に属します。

(c) 一般社会の人々が利用できるもの

公的なアドボカシーには，一般社会の人々の個人的な問題に対して，代弁したり権利について助言をしたりするものがあります。人権センター，地域保健委員会，障害者差別に対する相談所などが利用できます。実際に起こった事柄に基づいて行われ，個人情報は守られます。

⑥**典型的なアドボカシー**

コンシューマーがニーズを満たし，普通の生活ができる限り可能となるように，サービス提供者が機会の提供を行うものです。

具体的には，援助つき宿泊施設や専門的な訓練，カウンセリング，保護的作業所，支援団体や自助団体があります。高品質，高水準なサービスを提供するという原則にそって行われるため，良いモデルとなります。

⑦専門家によるアドボカシー

　法的な専門家以外の専門的な資格を有する人によって行われます。

　事前に担当者に会うこともあれば，精神医療審査会のように，担当者と会わなくても，担当者の立場で代理を行う場合があります。このようなアドボカシーは事例検討やケース会議に限られています。

基本的に必要とされること

　ここに紹介したアドボカシーの活動は，コンシューマー自身がニーズを明確にし，自分の知恵に基づいて自己選択し自信をつけていくものです。そのためには，次のことが必要となります。

①資　源

　コンシューマーの自己決定を重視したリハビリテーションプログラムです。コンシューマーに特化したものであり，宿泊施設，交通機関，教育，職業指導プログラム，地域にあるサービスなどがあります。

②情　報

　分かりやすい情報が入手可能なことです。守秘義務の規定にはコンシューマーの「同意」が不可欠です。

③選　択

　選択する権利や失敗から学ぶ権利も大切です。"ケアすること"にかかわる専門家がこの基本的な権利に敬意を示し，権利を擁護し，権利の実現に向けて支援します。

④妥当性

コンシューマーの市民権という基本的権利を保障するためには，コンシューマーの観点，意見，ニーズ，経験などが受け入れられる必要があります。これはコンシューマーがいつも"正しい"ということではありません。というのも，この見方は過度の保護につながり，失敗を引き起こすものになるからです。コンシューマーやアドボカシー・グループが自発的に行動する権利を尊重し，支援することがコンシューマーの経験に妥当性をもたせるのです。

⑤独立した抗議や審査

コンシューマーが主張しようとするとき，選択しようとするとき，知識を求めているときは，支援や審査，抗議が必要となります。これらの活動はサービス提供者や法的決定者から独立して行われるべきです。

⑥組織を保護する手段

政策決定するのに必要な調査，その計画の決定や実行，品質保証の過程においてコンシューマー自身の参画は不可欠なことです。このことは，現在ある組織を保護し改善するために提案したいと思います。

⑦評　価

コンシューマーのエンパワメントが，どの程度行われているかを評価するためにチェックリストを作成します。コンシューマーとのかかわりには非常に大切な視点です。是非，先述（第4章　エンパワメント）に説明した自己評価を行ってみてください。

⑧政策開発

コンシューマーが参画する段階には，小さなグループから政府による

取り組みに至るまで，あらゆる段階があります。コンシューマーは自分たちの生活の質に影響を及ぼすような政策，資金の調達方法，あるいは法律に真剣に取り組んでいくべきです。

⑨調　査

　コンシューマーに「何が適切ですか，何が役立ちますか，何が悪い影響をもたらしますか」という質問をすることが大切です。コンシューマーがアンケート調査における質問票の設問を作成することは，価値のある貢献となります。コンシューマーの関心から始められた調査，コンシューマーによって計画実行された調査は，専門家の調査と同様に有効です。その場合，コンシューマーが調査の過程に，どの程度参加できているかを評価する必要があります。もし，そのような調査においてコンシューマーの参加を制約するものがあれば明らかにすべきです。

⑩品質保証

　「サービスは有効ですか，あなたのニーズはありますか」というこれらの質問では，サービスの提供や開発における課題を探ります。品質保証に関連する大切な質問です。「何を選択できますか，選択肢について何を知っていますか」という質問は，利用できるサービスの範囲やサービスに関する情報の有効性を知ることができます。
　地域にある精神保健福祉領域のサービスにどのように取り組んでいくべきでしょうか？　このことはコンシューマーが貧困から抜け出し，適切な住居を確保し，日中に何らかの仕事をするという生活の質を支援するということです。
　ロンドンを拠点とする精神医学における調査と開発を行う団体は，次の質問をしています。「精神保健福祉領域のサービスを利用しているコンシューマーの意見に耳を傾けたことがありますか？」この団体は現在

オーストラリアで実行されているような精神保健福祉改革に取り組み，地域ケアの質を高めるという結論に達しました。

- ケアシステムの改善に対する課題は，ケースの管理ではなく，その質にあります。"管理"というと，コンシューマーが専門家によって"管理される"という意味が強いのですが，"質"というのはコンシューマーが要求し必要としていることを示します
- 多くのサービスは"質が低い"状態です。投薬に対する選択や情報の欠如，スタッフのレベルの低さ，問題について話し合う機会の欠如，不十分な情報，あいまいな情報，警察を含む第一線で働く人たちの精神疾患に対する認識の低さ，などの問題があります
- コンシューマーが，新しいサービスの計画，専門家の訓練，一般の人々への教育，アドボカシーを提供することにかかわると，サービスの質は大きく改善されます
- コンシューマーが自分の生活を管理したいと希望するならば，ケア・ワーカー（"ケアマネジャー"よりも好ましい言葉）は，生活の質をより保証するために，コンシューマーが必要とするサービスの支援を行うという大切な役割があります
- 個人の資金，就労，住居等の広い意味での社会的な問題は，生活の質と心の健康にとても関連しています
- サービス開発の過程において，コンシューマーが中心的な存在になるなら，今よりもサービスの内容に関心が払われるようになります。今は，専門家の暗黙の合意でサービスの内容が決められていますが，今後はコンシューマーが枠組みを考案し，サービスモデルを開発し評価する必要があります
- 精神保健福祉領域のサービスを利用しているコンシューマーの生活の質を向上する鍵は，コンシューマー・エンパワメントにあります

- 診断に関する情報，代替治療研究のエビデンスに関する情報，地域のサービスに関する情報を優先的に提供するべきです。コンシューマーに関する情報は，コンシューマーの個人情報であることを再確認し，本人自身がその情報を専門家が使用してよいかどうかを決めます。コンシューマーには，ファイルやコンピューターの情報を見る権利，記録の内容に同意しない権利があります
- 専門家の訓練に際する講義内容は，コンシューマーの必要性を考慮して作成されるべきです。関連する専門家や官僚に分かるように，すべての段階（最初の資格取得コース，現任の専門家コース，管理職コース）における訓練内容で組み立てられるべきです
- コンシューマーによる運動が精神保健福祉領域におけるサービスの改善に価値ある貢献をし，最大限に発展するためには，資金と組織的な援助が必要です

PARTNERSHIP & PARTICIPATION..... should be......

At ALL LEVELS of ALL ORGANIZATIONS.

パートナーシップと参加は，あらゆる組織の
あらゆるレベルでみられなければならない。

第6章 ● 参 加

アドボカシーが「主張すること」であれば、参加は「その主張によって保障されるすべてのもの」を意味します。

参加は加わることです。参加は一部になることです。また援助し応答することであり、反対に応答され援助されることです。あなたの利用するサービス、家や近隣、地域における"あなたのある部分"なのです。参加とは活動することであり、相互に作用しあうことです。

障 害

次のような態度は、参加を制約します。

- 人々を分け隔てる
- 見下す
- 活動を歓迎しない
- 相互作用を魅力のないものとして考慮しない

最も影響を受ける人を区別して、排除してしまうことがあります。利用できる社会資源に制限を加えたり、将来の計画への参加を禁止したりすることもあります。

抜け出す方法

コンシューマーは参加の制約をなくすために、積極的に優遇措置プロ

ケンカなんかしている場合じゃないよ。「僕たちがどこにでも参加しているとは限らない」「話し合ってうまくやろうよ……」

グラムを利用することができます。
　このプログラムには，以下のことが含まれます。

個人を支援するネットワークをつくる
相互に影響しあえる人がいなければ，誰も参加できません。

地域の資源や情報を利用する
必要なものが何かを明確にできなければ，地域生活は困難になります。

実用的な援助を提供し，また参加に必要な資金を提供する
　カルガリー協会は，自立生活を目指して，障害を克服し参加できることに焦点を当てたプログラムを提供しています。このプログラムには支援ネットワークを形成するコーディネーターがいます。コーディネー

ターに関して，協会では専門家でも専門家でなくてもその役割は担えると指摘していますが，感受性や柔軟性，地域の人たちとのつながり，問題解決のスキルなどの資質が要求されると言っています。

　カナダ精神保健協会では，「効果的な支援ネットワークとは，仲間のネットワークの特徴である，安心，温かさ，共感，その関係に基づく信頼関係のもとに成り立っており，それは必要とされたスキルが利用できることも含む」と指摘しています。

第7章 ● 成功しているコンシューマー組織

　私は成功している団体，そうでない団体に足を運び，組織内部の問題，団体を立ち上げる試み，団体を救おうとする取り組みについて尋ねてみました。その結果，存在意義があるとされるコンシューマー団体のすべてが，困難な状況を乗り越えてきたということが分かりました。

　"団体の危機"は，コンシューマーの団体に共通して見られるものであり，繰り返し起こります。これは"避けられない"ようです。

　では，避けられない危機は，どのように，なぜ起こるのでしょうか。それには多くのことが考えられます。私が何十ものグループに質問した結果，要因はいろいろあるものの，それは決して意外な理由ではありませんでした。コンシューマー・グループだけでなく他のグループでも見られることであり，危機は再々起こるのです。

　驚いたことに，団体の弱さにどう取り組むかという準備がないにもかかわらず，団体を立ち上げ，コンシューマー・グループに動機づけを行い，小額の資金を調達している場合があります。

　このような危機的な状況を経験することで，コンシューマーたちは何が重要かを見極める力を培えると考えている人もおり，それが良いことだという人もいます。危機が生じた時点で，コンシューマーは団体の発展，あるいはその終わりまでかかわるかについて決定できます。逆に言えば，このような態度は，用心しない者を待ち受けている落とし穴の存在をコンシューマーに気づかせてくれます。私は個人的にこの考え方に賛成し支持しています。なぜなら，これがどのようなときにも避けられないと言いきれないからです。しかし，私たちがもっと注意深くなれば，あるグループの"組織的な危機"につながる要因に関して情報を伝える

などして力になれるかもしれません。

組織を危機に導く要因

①グループが十分に組織化されていない

　グループが十分に組織化されていないことは、潜在的にある危機的な要因となります。結成されて間もないコンシューマーグループのほとんどが、堅苦しい組織にならないようにしようと強迫的なまで考えています。しかし、そう考えて始まったどのグループも、その後方針変更を余儀なくしていました。しっかりと組織化されていないグループが成功した例は見たことがありません。存続できる可能性も低く、共通の目的や方向性さえ理解されないこともあります。

②支配的でカリスマ性のあるコンシューマーリーダーがいる

　意欲的で目的意識が高く、支配的でカリスマ性のあるリーダーがいるグループは、最も組織上の危機状態にあると思っています。そんなはずはないと思われるかもしれません。リーダーシップを大いに発揮し貢献している人がいる事実を知らないだけだと私を責めるかもしれません。あてはまる人物をご存知なのでしょう。私だってもちろんそうです。彼らは誠実で私たちをやる気にさせ、かつ実行に移します。私たちにとって本当に不可欠な人たちです。彼らのエネルギーなしでは、コンシューマー運動は決して発展しません。

　しかし、そのような人が完全に管理して統率し、方針まで決めてしまうことを皆が許していたら、それは危険な状態です。その人がどれほど有能だとしても、グループメンバーたちの自律性や民主的リーダーシップを否定することになり、グループの無力化につながります。力を奪われたメンバーたちは混乱し失望した状態なので、互いの考えが衝突した

ときグループに問題が生じるでしょう。パワーレスなコンシューマーたちはストレスを受けやすくなっているので，可能なら危機介入してもらう必要があるでしょう。その時，グループはいくつかの派閥に分裂するかもしれません。

　唯一のリーダーが燃え尽きたり衰弱したりしてしまうと，グループは取り返しのつかないダメージを受けることがあります。その兆候に気づいた時には，メンバーたちはリーダーの役割を引き受ける準備も，仲間たちの弱さを受け入れる準備もできていません。そのためグループは危機状態へと傾いていきます。

③反発し実力行使をするグループ

　反発し実力行使をするグループも危機状態に陥りやすい傾向があります。明確な目的をもち，その活動方法も分かっています。人々の関心を集め，治療，法律あるいは彼らにとって重要な問題を変えようと固く結束します。しかし，問題に注目を集めるまではうまくいっても，たいてい最終目的は人により異なってきます。そのため，目的が達成されたとき，もしくはメンバーと無関係な目的だとみなされてしまったとき，組織内部に必ず問題が起こり，この時点でグループは再編成するか，あるいは解散せざるを得なくなるでしょう。

④困難な状況を乗り越えたグループ

　反発する段階から率先して行動する段階へ進みます。私の経験では，こういったグループは皆発展しています。役割も変化し，それまでの活動に代わって権利擁護，コンサルタント，教育，情報センター，普及啓発，レスパイトケア，住宅供給，自助グループ，デイセンターなどを担うようになります。このように，うまく移行するためには，必然的に組織の構造や管理方法を変えなければならなくなるでしょう。

結論として，コンシューマー組織として成功するには，何らかの組織構造が必要になります。その基盤となるのが，会社のように定款がしっかり存在するものから，社団法人のように公益事業を担うものまでその種類は多岐にわたります。管理と意思決定が速やかにかつ公正に行われるようなルールも必要です。状況を変えるためには，焦点となる目標を変え，それを達成するための新たな方法を見出さなければなりません。そして，コンシューマー組織の目的と方針をメンバーで共有することが肝要となります。

第8章 ● 訓　練

　新しい考え方や方法が実行されるときには、教育プログラムと訓練プログラムが必要になります。

　精神保健福祉改革は、エンパワメント、かかわりあい、パートナーシップという"勇敢な新しい世界"へ至る障壁を取り壊すものとなるべきです。この"勇敢な新しい世界"を実現するにあたって、コンシューマーには大きな期待がかかります。コンシューマーがパワーの喪失という過去の歴史を乗り越え、改善に向けた計画、実行、モニタリングの分野で中心的な役割を（集団として）担うのであれば、それに必要とされるさまざまなスキルを身につけなければなりません。

　訓練プログラムは、次のことに焦点を当てる必要があります。

①コンシューマー個人に意味のあること

　これは個人が学習する必要があるスキルです。例えば、主張、ストレス管理、レポート作成、会議の運営方法などがあります。

②コンシューマーの観点に関すること

　専門家や支援スタッフ、一般市民の教育、メディアに基盤をおく戦略、コンシューマー会議、ワークショップなどに、コンシューマーが発言する機会をつくり、コンシューマーの観点からの理解を図ります。

③専門家への支援に関すること

　コンシューマーは、専門家が自身の考え方や態度を見直すこと、傾聴のスキルやエンパワメント、セルフアドボカシー、パートナーシップと

いう支援の原則を学ぶことに直接かかわる必要があります。

④官僚や政策決定者の支援に関すること
　コンシューマーは官僚や政策決定者が"誠実に話し合う"ことを支援します。"誠実に話し合う"とは，"聴くこと"と"適切に応じること"の両方があることを理解してもらう必要があります。また官僚や政策決定者に，彼らの仕事が人々にどのような影響を与えているかを理解してもらうことも大切です。

第9章 ● リハビリテーション，リカバリー
──自己決定を通して

　第4章で，エンパワメントを"自分の生活に影響力をもつ人々や団体に，より影響力を与えるようになる過程"と定義しました。このエンパワメントは，アドボカシー，参加，パートナーシップ，組織，そして訓練という要素によって実現します。

　エンパワメントの本質と根底にある目的は，哲学的な考えや価値観よりもっと深いところにあります。そして，エンパワメントは政治的な力や社会改革運動以上のものがあります。

　エンパワメントは上記のすべてを含むものですが，プログラムを開発していく中で，エンパワメントの具体的な本質や目的が明らかになり理解できるようになります。このようなプログラムはコンシューマーによって導かれますが，それは自己決定に基づいたリハビリテーションとリカバリーのプログラムを提供するものです。つまり，プログラムにおいて，自己決定の概念や実践がリカバリーのためには重要で中心的な要素として活用されるのです。また，自己決定は"リカバリー"とは何かを理解するのにも重要な要素となります。

　ボストン大学の精神科リハビリテーションセンター（the Center for Psychiatric Rehabilitation）は"リカバリー"について，次のように述べています。

　「リカバリーは，重度の精神疾患をもつ人を理解するために用いられている概念ではありません。もともとリカバリーは身体疾患をもつ人々

に受け入れられてきました。**身体疾患をもつ人々は，自分たちをまず人間として捉え，たまたま障害をもつようになったと主張してきました。**その一方で，麻痺などの重度の身体障害をもつようになった人は，残りの人生において，車椅子に縛られたような生活を余儀なくされるかもしれません。しかし人間は時間の経過とともに劇的に変化できます。障害や慢性疾患をもちながら自分の人生を再び生きることができるようになるのです」

　これが「リカバリー」と呼ばれるものです。障害がなくなるのではなく，その人自身が回復するのです。しかし精神障害をもつ人にとって，病気をもつ人間よりも，病気そのものに焦点が当てられることが多くあります。機能をいかに高めるかよりも，症状に焦点が当てられるのです。精神障害をもつ人がリカバリーの可能性について話されることはめったにありませんでした。コンシューマーがリカバリーの過程を認識することや，自分のリカバリーのために努力することが認識されるようになったのは，ごく最近です。

　自己決定では，自分自身が実感することが要求されます。精神疾患の経験，差別，スティグマによって悩んでいるという「感覚」を発達させることは，リカバリー過程において重要な部分なのです。

　ここでは，いくつかの組織が行った実践を紹介します。これらのサービスは自己決定に基づいたリハビリテーションの過程を実践したものです。これらの"モデル"となるプログラムには，以下の点が中心になっています。

- 地域社会の統合
- エンパワメントの原則
- 市民権を奪われている人たちのインクルージョン

地域社会の統合：ラングリーの踏み石

　精神疾患の経験からリカバリーするには，結果として生じる障害や社会のスティグマを受け入れ，対処し，うまく管理することが求められます。このことは，次の重要な問題に対処することを意味します。快適で適切な居住施設の利用，少ない収入の金銭管理，社会的な孤立，失業，家族や友人・隣人・店の経営者・精神保健福祉の専門家やその他の人間関係，生活技術や機会の消失や減少，また場合によっては自分の生活における困難な状況なども含まれます。

　カナダにある"ラングリーの踏み石"というリハビリテーション協会では，このようなさまざまな困難さを認識し，住居施設，レクリエーション，ボランティア活動，援助つき雇用，孤立した人たちへのアウトリーチ，地域生活支援プログラムを実践しています。地域生活支援プログラムでは，家探し，予算管理，収入支援と金銭管理，セルフケア，精神保健福祉の専門家やその他の人々との交渉などを援助しています。

　コンシューマーの多くはリハビリテーションにおいて，これらの包括的なプログラムが不可欠です。オーストラリアでは，州や地方によって大きくばらつきがあり，そのような支援を受けられる地域は非常に限られています。このような総合的なサービスを受けられる地方はごく少数なのです。

エンパワメントの原則：ファウンテンハウス

　もしあなたが誰かとかかわりあっているのなら，あなたにはパワーがあります。もしあなたがそこにいることで変化がもたらされるのなら，あなたにはパワーがあります。あなたの行うことが自分自身や他の人をよりよい状態に導いているのなら，あなたにはパワーがあります。あな

たが，パワーを，いつ，どのような方法で使うのかを決定できるなら，あなたには価値があり，コントロールできる力があり，他の人への貢献を認めることができます。

　心理社会的リハビリテーションのファウンテンハウス・モデルは，リカバリーの過程を育むことでよく知られています。このアプローチは多くの文献で頻繁に報告されており，オーストラリアにおいても数々のプログラムの中で応用されています。重度の精神障害をもつ人のニーズにうまく焦点を当てたため，強い支持を得ました。

　精神医療を含むすべての精神保健福祉サービスにおいて，なぜファウンテンハウス・モデルのアプローチに見られるようなエンパワメントの原則が反映されないのでしょうか。私にはその理由が分かりません。

市民権を奪われている人たちのインクルージョン：ファウンテンハウス

　代表者の問題と少数派の人たちを含めるという問題には絶え間ないジレンマがあり，"コンシューマーの声"を届けるときの障害となります。もし精神障害をもつ人のコンシューマー運動が代表者の問題に真剣であるならば，市民権を奪われている人たちの代表者の問題に取り組み始める出発点となり，自己決定に基づいたリハビリテーションの過程が潜在的にあると言えます。コンシューマー運動においては，サービス計画者とサービス提供者はコンシューマーの立場から運動することが難しいと言われていますが，それを実現していくことが必要です。

　この点について，ファウンテンハウスでの聴覚障害をもつ人のためのサービスプロジェクトは新しい示唆を与えてくれます。

第9章 ● リハビリテーション，リカバリ──自己決定を通して

- 社内通訳サービス
- 過渡的雇用
- 多種多様な文化──二カ国語対応の研修会
- 社会生活技能訓練
- 聴覚障害者の権利擁護
- 大学入学に向けた準備訓練
- 社会的イベントや活動
- 職業前訓練の機会
- 健聴のメンバーやスタッフ向けの手話クラス
- 聴覚障害者が利用しやすい住居

　特別なニーズを見定め，自己決定に基づいたリハビリテーションができるプログラムを発展させていくことに関して，オーストラリアの精神障害をもつ人のコンシューマー運動はおろそかにすべきではありません。

サービス提供者が高い位置から窓口を十分に広げずに「パートナーシップ！」と声をかけても，コンシューマーは顔の見えない中でどのようにパートナーシップを結んだらよいのかとまどってしまう。

第10章 ● 何が，答えなのか？

　まず，要点から述べることにしましょう。コンシューマーは言葉にうんざりしているからです。問題についてお話しするというより，議論を前に進めるのに役立つ提案ができたらと思っています。目指すのは，新しく行動を起こせるようにしたり，一歩前進するポイントを見つけたり，リーダーが権限を得られるようになることです。それは，自分たちのそれぞれの生活に何が価値をもつのか，何を考え，どのように他者と関係をもてばよいのか，どのように個人の態度をとるべきなのかを見出すことで可能となるのです。

　コンシューマーであろうと，ケアする人であろうと，専門家，官僚，政治家，あるいはその他の人であろうと，すべての人に新しい方向性を選ぶ権利があります。精神疾患に侵されていても，生活や仕事，余暇活動において真の変化をもたらす選択ができるということです。

その結果として

　聡明な選択をすることで，財政的支援，サービス供給量，政策などにおいて何を重視するかが変わってくるでしょう。それにより，サービスの所有権が供給者から利用者へ戻されることに希望をもつことができ，結果として権力基盤や責任も，同様に利用者へシフトしていくことになるのです。

　変化する方向性を示すものとして，以下のことを提案します。

政府と官僚にできること

- コンシューマーと家族の役割を励まし，支援すること。それは，レスパイトプログラム，ケアする人たちへの支援や教育・訓練プログラム，包括的な地域精神保健福祉チームを確立することでなされる。そしてコンシューマーと家族のニーズを理解し，それに応えられるものでなくてはならない
- エンパワメント，能力を引き出すための教育と訓練に関する政策を積極的に発展させ実施していくこと
- 正当に話し合うこと，コンシューマーがエンパワメントすることへの責任を表明すること
- 現実的であり，効果的で独立したアドボカシーに焦点を当てたプログラムを優先的に作ること
- 生活の質を高める効果のあるすべての領域や治療にコンシューマーが参画できるよう，率先して努めること
- コンシューマーが成長するためのプログラムを積極的に促進させ，資金援助をすること。そのプログラムは，個人的なニーズより発展していくものから，さらに広い，州，国家，国際的なレベルに広く焦点を当てたものまである。広範囲ではあるが，これらはさまざまな手段によって達成し得るものであり，そのほとんどは比較的安価な資金でまかなえる
- 各地域や州で開催されている，コンシューマーのことを中心に話し合う会議に資金援助をすること。その会議は，コンシューマーに関する情報や問題，権利や政策課題を中心に話し合う全国コンシューマー会議に毎年情報提供をするために行われる
- 海外のコンシューマーたちと交流できるプログラムを開始できるよう支援すること。それによりいろいろな活動を組み合わせたり，互

いに経験を交換したりすることができる。また広く国際的な視野をもち，成長する視点をもち続けることができる
- コンシューマーが重要な国際会議に参加できるよう支援すること。（世界精神保健連盟 World Federation for Mental Health Conferences），世界精神医療ユーザー・サバイバー連盟（WNUSP），マインド（MIND）主催によるマインドリンクトレーニングや会議など）
- コンシューマーが情報を普及させ訓練プログラムを行い，上記すべてを調整できるよう，オーストラリアのコンシューマー・ネットワーク（Australian Mental Health Consumer Network）を促進すること。このネットワークは政府により部分的に資金援助されてはいるが，政府から独立しており，他の全国の精神保健諮問委員会からも分離されている

サービス提供者にできること

- コンシューマーがエンパワメントできる訓練を提供すること
- エンパワメントの原則が反映されるよう，すべての政策を再評価すること
- サービス提供を担うすべてのスタッフが，いかなる段階のエンパワメントをも促進できるよう，再訓練すること
- 従来の"症状の安定"から，"リハビリテーション"と"社会との統合"へと視点を変えること
- 精神障害をもつ人たちをエンパワメントし理解することを約束しているスタッフのみ雇用すること
- コンシューマーの参加を促すこと。管理委員会や政策委員会などすべてのレベルでコンシューマーが（適切な支援のもとに）参加でき

るようにすること
- ただ 1 人か 2 人の有能あるいは雄弁なコンシューマーではなく，いろいろなコンシューマーたちが確実に参加でき，その意見が考慮されるようにすること。もし 1 人か 2 人の人が常に"利用される"としたら，それは不公平でもあるし"燃え尽き"にもつながる。最も重要な点は，そのようなやり方ではグループ全体がエンパワメントすることにならないということである

コンシューマーにできること

- 自発的になること
- いくつかの責任を受け入れること（もし必要であればサポートを得ること）。可能であればエンパワメントの訓練を受け，できなければまずはそれを求めること
- サービス提供者，家族と対峙するのではなく，共に活動すること。"真の強さは優しさの中にあり"（古代ローマの諺）を忘れないこと。
- 参加すること
- 頑なにならず柔軟であること。しかるべきときには強くあること
- コンシューマー同士のもつストレングスや支援が必要なときには，その助けを借りること
- 十分な情報を得たら，自分自身のために決断すること
- グループに参画すること

まず，情報を求めるのです。ただし，情報を得ることとアドバイスを得ることの違いを忘れてはなりません。もしアドバイスが欲しければ，そのように求めましょう。もし情報は欲しいがアドバイスはいらないというのであれば，まずその情報について考える時間がもてるようになる

第10章 ● 何が答えなのか？

精神保健福祉システムはコンシューマーの声をしっかり傾聴して欲しい。"すみません""よろしいですか""何か応えてよ""助けて！"

までアドバイスを控えてもらうよう相手にお願いすればよいのです。

　質問することを学びましょう。"情報は力なり"ほどの真実はありません。何が起こっているのかをできる限り理解できたなら，あなたの受ける治療やリカバリー，リハビリテーション，雇用，訓練，教育や地域社会にもっと参加できるようになるでしょう。

社会にできること

- 精神障害をもつ人たちに共感，理解し支援することに真に努めること
- 固定観念を改めること

第11章 ● パートナーとしての コンシューマーとは？

コンシューマーが与える影響

　コンシューマー主義について書こうとすると，その内容がどうであれそれが主観的な視点になってしまう現実に直面します。この本もいくつかの個人的経験をまとめたものに過ぎません。調査内容も，状況についての私の個人的理解にも限界があります。

　オーストラリアには何百ものコンシューマー・グループや企画，発案があり，世界中にも同様のものが何千とあります。国内的にも国際的にも，コンシューマーの活動やその影響は広がりを見せています。それは先例のない社会変革運動です。まだ完全には認識されていなくとも，影響力をもつ可能性を秘めています。精神保健福祉上の問題や精神疾患の発生率の増加という統計学的予測には大多数の人が同意するのに，コンシューマーの影響力が増していることに関しては皆が驚くのです。

　世界疾病負担（Global Burden of Disease）研究により明らかにされた統計調査結果を深刻に捉えれば，精神保健福祉上の問題や精神障害の発生率が増加し，地域に精神障害者が増えていくという予測は驚くべきことです。コンシューマー，家族として，私たちはこのことに真摯に耳を傾けねばなりません。そうでなければ，2020年には深刻な状況となってしまうでしょう。

　すべての精神障害を一つの障害群とみなすと，2020年までに精神障害者の影響力は今までに例を見ないものとなります。そこにパートナー

シップに基づいたケアのプロセスが必要であることは明らかです。
　これらの数値は，コンシューマーが人口に占める統計学的な割合から見ても重要な特徴をもつ群であることを示しています。驚くことに，単にこれを数字として捉えれば，これ以上のコンシューマー・グループやコンシューマーの影響力は他にはないのです。この異例の事態については多くの説明や弁解が考えられますが，コンシューマー運動は今や重大な成長と可能性の段階にあるという説明で十分ではないでしょうか。
　私たちがすべての可能性につながるために，この機会を利用するか，それとも無駄にしてしまうかは慎重に考えるべき問題です。今までにないほどの希望と真の潜在能力をもち，生活に影響する事柄に効果的に声をあげるのです。大切なのは，今が歴史上のその特別なときだと気がつくことです。行動を起こし，前向きな変化をもたらすために真のパートナーシップを求めなければなりません。実際，それはいくつかのところで既に始まりつつあるのです。

第11章 ● パートナーとしてのコンシューマーとは？

表1 DALY's（障害調整生命年）における精神障害の原因ランキング（全年齢，男女）

原因となる疾患	1990年順位	DALY's (1,000s)	2020年順位	DALY's (1,000s)
全要因		379,238		1,388,836
呼吸器感染症	1	112,898	6	42,692
下痢性疾患	2	99,633	9	37,097
周産期の異常	3	92,313	—	
単極性うつ病	4	50,810	2	78,662
虚血性心疾患	5	46,699	1	82,325
アルコール使用	20	16,661	17	22,983
双極性障害	22	14,257	18	21,227
統合失調症	26	12,798	20	17,332
強迫性障害	32	10,213	26	14,869
薬物使用	45	5,675	35	7,979
パニック障害	50	4,766	41	7,165
心的外傷後ストレス障害	70	1,945	59	2,750

注：参照のために他の原因疾患で上位のものを含めた
　　96の障害と損失の主要な原因がこれらのランキングで示された
出所：世界疾病負担（The Global Burden of Disease）より
　　　by Christopher JL Murray & Alan D Lopez, 1997 Published by Harvard University Press on behalf of World Bank and the World Health Organization. Ⓒ JM

表2 世界疾病負担と世界保健統計（Global Burden of Disease and Global Health Statistics.）

原因となる疾患	1990年順位	DALY's	2020年順位	DALY's
精神障害	3	94,789	1	142,005
虚血性心疾患	5	46,699	2	82,325

障害調整生命年：DALY（Disability-Adjusted Life Year）
C. Murrayらが創出した指数で，総合的健康評価における疾病負担を評価する。各種疾病による生命の損失や障害を，死亡数，罹患数，平均寿命の短縮ではなく，人々が被る苦痛や障害を加味して算出する。例えば生きているが，寝たきりの場合は，健康な1年に比べ損失があるとし，健康な1年に等しいとせず，0.5年とするなど
出所：WHO（2001）

参加する準備ができた!! ――氷壁に登るかのようにこんなに重装備しなければならないなんて

第12章 ● それは失敗？
　　　　　 それとも，チャンス？

　コンシューマーや彼らをケアする人たちの間には伝統的な見方があり，物事とは一方的に起こるものであって，それを自分たちではどうすることもできないと考えています。社会，官僚，サービス提供者，その他外的な影響のせいで，状況がなかなか良くならなかったり，うまく効果が働かないことを既に知っているからです。これはよくある本当のことで，正に真実と言えます。

　注目すべき現実は，このような見方をする人々が"よくない結果になったときの個人的役割"を時々見過ごしているということです。私たちの意見やロビー活動，アドボカシーが時として失敗に終わることを認めるのは，非常に辛いことです。そして，今もしくは将来的に，自分たちの姿勢や戦略が望まぬ結果を生んでしまったとしたら，これほどショックなことはありません。それは私たちがコンシューマーもしくはケアする立場であるがために恐ろしい現実なのです。私たちは人間であり，弱点を持ち，完全無欠ではないという事実から逃れることはできません。そして失敗する権利があり，失敗から学ぶという義務もあります。私たちは他の人たちと同様に，自分たちが行うべきことをただ真剣に行うことでこれ以上過ちを犯したくありません。だから，失敗を犯したときには自分たちに厳しくなるのです。

　恐らく私たちに必要なのは，自分たち自身に寛大であることです。それは言い訳ではなく，失敗を積み重ねることで次にはより良い取り組みができるようになるためです。そして時には失敗の原因に焦点を当て，

何かを改善したり活動や対応を変えることはできないのかを考えてみる必要があります。

もし努力が失敗に終わったら

以下のどれかが，欠けていたのかもしれません。

- より有益で，より関連している背景にある情報を得る
- 誤りは問題やメッセージで，人にあるのではないと認識する
- 戦略的なアプローチを今一度見直す
  例：攻撃的すぎた，積極性が足りなかった，自分たちの態度に"うぬぼれ"が見えた，従順すぎた，おとなしすぎた，無知すぎた，内気すぎた，場にそぐわないことをしてしまった，など
- 問題点を書面に残しておく。これは状況や問題の分析に役立つ

以下のことを通して，個人，グループ双方の態勢を<u>立て直しましょう</u>。

- 徹底的に議論し相談をする
- いろいろな訓練の機会を得る
  例：プレゼンテーション能力，レポートや提案書の書き方，エンパワメントについて，基本的な調査方法，権利と責任について，政策について，方法論など
- あなたが影響を与えたり情報提供をしたいと思っている人たちやグループと話し合う。そのためには，以下のことをする必要があります
  A）接触するのに最適な人は誰かを考える
  B）その人たちに連絡を取る優先的な方法を学ぶ
     例：電話，FAX，eメール，手紙，面会の約束など

C）ロビー活動の代替となりそうな方法があるかどうか探す
　　例：彼らの発行するニュースレターへの投稿，決定権のある顧問役に働きかける，彼らの委員会，諮問機関，マネジメント委員会などに接触を図る，など
D）他の関係団体がその人や組織と"つながり"があるかを判断する（あなたが最初に参画するとき，彼らがあなたも"パートナー"にしようと思い働きかけてくるかもしれない）
E）"事実"を明らかにし，証拠となる資料などを探す
F）さらなる情報をもっている人が他にいないかを探す
G）その問題は別の方法であれば解決に向かうものなのか，それとも完全に検討の対象から外すべきなのかを見定める

正直なところ，私たちは厳しい現実に直面しなくてはならないでしょう。その中には個人的な問題もあるので，私たちは"大きく構えて"取り組んでいく必要があるのです。

つらい現実

以下のような人たちもいます。

- 相手の状況に応じた状況判断が苦手である
- 情報が不十分である
- 情報源が信用できない。十分な情報に基づいたアドバイスを得る機会が少ない。適切な訓練やサポートが受けられない
- だまされやすい
- 世間をよく知らない
- 十分に準備ができていない

- 交渉力に欠けている
- できるはずなのに，状況から程よい距離を保つことができない
- 権力のある人たちに傾倒しすぎる
- 困難な問題に向き合うことに逃げ腰である
- 挑発的すぎる

　これは心にとめておくべき大切なことですが，重要なのはこれらの情報が私たちの成長を助け，今までの限界から抜け出すためにあるということです。
　これらすべては，指導を受けたり学習したりすることで乗り越えることができます。どれも病気の症状でありませんし，障害の特性でもありません。すべての社会変革運動に共通して見られる問題なのです。
　私たちがこれから成し遂げようとしていることに対して誠実であるためには，自分たちの弱さを受け入れる必要があります。成長しその影響力を賢明に生かすことが，全体の改善につながるのです。自分たちを評価すべきは互いではなく自分たち自身であり，この活動では誰もがそういった場面に出くわす可能性があることを忘れてはなりません。コンシューマーとのパートナーシップについては，精神保健福祉サービスの政策に明記されています。コンシューマーの視点，問題，考え，関心事を政策と決定過程のすべての段階に反映させるものとして事実上取り入れていると解釈できます。
　重要なのは，コンシューマーとのパートナーシップを進めるために，コンシューマー自身が管理し運営する必要があるということです。どのようにしたら効果的に参加ができるのか，以下のような点についてもコンシューマー自身が考えるのです。①コンシューマーの参加を勇気づけること，②リカバリーの過程として，参加し，技術を身につけ，自信を高め，自尊心を確立することを目指し，コンシューマー個人やグループ

を支援すること。

どの人の貢献にもそれぞれに価値があり，それは今の居心地の良い環境から外へ出て行こうとする決意を意味するものです。この点で私たちは全員活動家と言えます。

最後に，この活動は勝者と敗者を決める競争ではありません。他の誰より"優っている"とか"劣っている"ということではありません。一人が成し遂げたことは，私たち全員の成果となるのです。

グループ内の分裂は，グループとそのメンバー全員の無力化につながります。私たちは皆，個人の力を失うことがどのような結果を招くのか理解しています。ですから，お互いにそうなることを避けましょう。

古代ユリウス・カエサルはローマ軍に対して「仲違いをさせてから征服せよ」と言いました。それ以来，この言葉は敵を打ち負かし反対勢力を弱めるのに効果的な戦略とされています。私たちは影響力を増している団体の代表です。病院や施設にいる人々の中には，こういった社会変革運動をとても脅威的で"現状"にとって危険なものと考えている人がいます。古代ローマ人の用いた戦略はとても効果的であり，だからこそ現在まで残っているのです。コンシューマーとケアする人たちは，内輪揉めや諍いは容易に起こってしまうものだと認識しておくべきです。こうしたことに心奪われている間に，大切なパートナーシップを築こうとする活力が失われてしまうからです。

私たちは提供されるサービスが人道にかなう価値あるものになることを共通の目的として取り組んでいます。その願いが実現されるように，一致団結していきましょう。

倫理的であること

選択肢はたった二つです。

- 政策作りや政治，サービス提供において協力的なパートナーシップがなされるよう進んで取り組む
- 個人的な利益追求や権力によって，私たちコンシューマーの声が歪められ道を誤ってもそのままにしておく

コンシューマーの活動家，代表者として，私たちは常に倫理的でなければなりません。コンシューマー活動に，仲間たちが目指す方向性を確実に反映させていくためには欠かせないことです。

誠実であること

誠実であるために，次のような状況に陥ることがあると心に留めておくとよいでしょう。

- 秩序だった物事の見方に引き込まれる
- 権力のある人々から影響を受ける
- しかるべき考慮や相談がなされないまま物事の見方を妥協する
- 直接的あるいは暗示的な約束事があるとそれに影響される
- "役得"に左右される
  例："内部情報"，旅行，高級ホテル，レストランでの食事，金銭，地位の高い仲間や友人
- 私たち（活動家）は意見を主張したり，あらゆる関心事に熱心に取り組んだり，いかなるときもその分野での役割を主張するために何かしなければならないと思い込む

これらの反応はすべて人間的なものです。精神疾患を抱えたことで喪失体験をした人にとっては，特にあてはまります。多くの人はすべてを

失い，感情面と同様に経済面，社会面，精神面での根本的な生活の立て直しが必要です。このことにより，多くの人は前述したようなこと（"役得"）に期待するのは自分たちの権利だと思っています。しかしそれは権利ではなく，ましてや道理にかなう期待でもありません。多くの場合はその反対なのです。

コンシューマー運動に積極的に参画する私たち皆にとって，これは本当に危険なことです。強く誘惑される人もいるでしょう。丁寧に扱われることで私たちがまるで"特別"であるかのように感じてしまうのはよくあることです。

これまでに失ったものがあるからといって，前述したような"役得"を"受けるに値する"とか"受けてしかるべきだ"とは決して思わないでください。もしこのような"役得"が，あるグループに所属する人たちに当然のものとされるなら，他のコンシューマーのメンバーも同様に扱われてしかるべきです。コンシューマーは特別扱いされればされるほど，このようなことに出くわすようになります。同じ待遇の中で，すべての参加者たちが特別な専門性ゆえ参加するよう選ばれたのです。

ある目的を達成するために私たちがいることを忘れてはなりません。誠実さの証として，その目的を維持し続けなければなりません。この認識は極めて重要であり，確かな独立心をもつことが信頼を得ることにつながるでしょう。

倫理的な振る舞い

私たちの権利を主張するときに大切なことがあります。

- 他人の権利を侵害しない
- 明確な目的を持ち続ける

- ロビー活動のときは問題を一つに絞る
- 利用できる要素はすべて把握しておく
- 仲間を信頼し，認め，支持する
- 自分もそうして欲しいように，敬意をもって他人に接する（相手がどのように接してきたとしても）
- 利害関係のある仲間に即座に十分な情報を伝える
- 幅広く仲間からのフィードバックを求め，それを考慮に入れる

自分自身のためではなく，仲間のコンシューマーと家族のためにこれらを行いましょう。

結果を報告すること

仲間に結果を報告することは，すべてのコンシューマーの代表にとっていかなるレベルの参加であっても必要不可欠なことです。これに例外などありません。仲間たちの支援組織や仲間の影響と，それを代表することを切り離す理由は何もありません。

"守秘義務"や"プライバシー"といった理由で，コンシューマーの代表者に情報を漏らさないよう口止めすることがあります。"守秘義務"や"プライバシー"を盾にしておいた後で「コンシューマーに意見をうかがって決定しました」などと公表されるのは認めがたいことです。この場合，コンシューマーは完全に無力であり，パートナーシップは滑稽な見せかけだけのものとなります。

代表したことを報告できる仕組みが，常に必要なのです。誠実さを損なわずこの仕組み作りを進めるには，話し合った内容を分析し要点をまとめて報告できる力をつけるとよいでしょう。報告する内容は，協議した方針や具体的なやりとりなど守秘義務が及ぶこと以外の一般的な情報

であれば問題ないでしょう（第2章参照）。

コンシューマー活動を記録に残すこと

　コンシューマーたちは世界中で活動し貢献しています。それは，予防活動，普及啓発，政策立案，サービス提供などあらゆる精神保健福祉の場面で見ることができます。

　しかしながら，これらの活動や情報の記録はごくわずかな例外を除きほとんど残されていません。これは，コンシューマーの全体的な社会経済的地位の低さが背景にあり，支援や専門的知識へアクセスしにくい状態であるからだと言われています。そのアクセスにより本来ならば，コンシューマー運動における活動の歴史や成し遂げてきたことについてもっと報告がなされ記録が残るはずなのです。

　どうしても避けられない結果があります。それは，私たちは物事の幅や深さ，発言，影響とその結果得られた価値，相互的な支援，専門的知識，信頼性などの真実の姿をそのまま捉えることはできないということです。言い換えれば，大半のコンシューマー・グループやその計画，戦略を国際的にあるいは局地的に把握することは不可能だということです。彼らは存在し，その数は増えつつあり，もはや無視できない影響力となっています。

　いずれにしても，コンシューマー運動の経験や影響，サブカルチャー，新制度，重要な人々の果たした役割などについて調べたり，記録を残すような取り組みが必要となるでしょう。誰によって，どのようになされていくのかはまだ明らかにされておらず，その活動はまだ始まってはいないのです。

コンシューマー運動の人口的背景

　研究者であるコンシューマー，コンシューマー・スタッフ，官僚，政治家，教授，作家，活動家，清掃作業員，店員，学生，そしてケアする立場でもあるコンシューマーなどさまざまな立場の人がいます。雇用されていないコンシューマー，身体障害をもつコンシューマー，特権階級出身者，小作人階級出身者。私たちは，好ましい，不快な，素敵な，醜い，善い，悪い，コンシューマーになり得ます。知能の高い人，そうでない人，金持ちの人，小金持ちの人，一文無しの人。

　私たちはあらゆる人種，宗教，そしてあらゆる星の下に生まれた，全範囲の人たちから構成されています。世界中どこの国にも，どの社会階層にも，どの街にも，田舎でもどんなに遠いところでも，私たちはそこにいるのです。サービスのないところ，豊富にあるところにも，私たちは生活をしているのです。

　コンシューマーは社会の縮図であり，今後影響力を増していく可能性をもっています。決して無視されてはなりません。彼らは尊重され，影響を及ぼす問題や生活の質にかかわることについて，意見を求められる存在となるべきなのです。古い諺でスローガンとすべきものがあります。「私たちのことを，私たち抜きで決めないで」

　パートナーシップと参加で何よりも必要なのは，説明するまでもなく

　　……私たちのことを，私たち抜きで決めないで
　　　　(Nothing about us without us)

ということです。

第13章 ● あなたがやっていることは，私にはできません！

　消極的で無力化したコンシューマーが積極的なコンシューマーに出会うと「あなたがやっていることは，私にはできません！」と言います。これに対して，私はいつも「あなたが同じようにする必要はないのですよ，やるべきことは自分が経験してきたことを受け入れ，診断名や個人的な状況に振り回されずに自分で決断を下し，本来の自分であるようにコントロールすることなのです」と返事をしています。

肯定的な態度

　あなたは価値のある人間であり，心の健康を損ねたり，病気になったことは，人生に本質的な価値を加えることだと気づいてください。そうでなければ，あなたは感受性や共感の心を身につけることができなかったかもしれないのです。私たちはリカバリーへの努力が誇りあるものとなるように，自分の態度を変えることを学びます。自分の粘り強さや，個人の限界を乗り越えようと挑戦し続ける能力があることを知る必要があります。私たちには，きっとこのような強さがあるに違いないのです。そうでなければ，ここまで生き残ってこれなかったでしょう。
　あなたが生き延びてきたことと強い回復力を誇りに思ってください。私たちが経験してきたような，人を弱らせる障害と闘い，それを乗り越えてきたことは素晴らしい業績です。このような，肯定的で積極的なリカバリーについての考え方を受け入れることは，社会やサービス提供者

である専門家にとっても有益なことです。私たちが闘ってきたことに気づくことでコンシューマーに対する態度を改善し，リカバリーの旅の途上にある私たちへの支援をもたらすのです。

　心の健康の問題を経験した人の真のリハビリテーションに向き合うとしたら，これ以上に実行可能なことはないくらいです。それなのにどうしてそれがリハビリテーションにおける試みからはずされてしまったのでしょうか？　医学モデルや障害モデルのリハビリテーションでは，特に症状に焦点を当てています。リハビリテーションはあまりにも医学的なものになってしまい，私たちの社会との再統合や社会復帰はあまり意義の無いものとされています。しかしこれこそが，私たちを最も無力にしている要因なのです。

　症状に基づいた援助やリハビリテーションはやめ，代わりに個人的な目標や，リカバリーの実現と努力を積極的に再強化することに焦点を合わせていきましょう。

　信じようと信じまいと，私たちの症状の多くは耐えることができるようになっていきます。しかし，そのためには以下のことを信じる必要があります。

- 私たちには希望がある
- 私たちは希望をもって社会との再統合に向けて努力できる
- 私たちは有益な人として雇用されるという希望がある
- 私たちは幅広い友人関係をもち，生活の質が向上するという希望がある

　これらは通常誰にとっても重要であり，もちろん私たちにとっても計り知れないほど貴重なものです。"リハビリテーション"というものを真剣に見直し，精神的苦痛と孤独を経験した私たちが成長し，その経験

を受け入れる好機にしていきましょう。

　統計的には，現時点でオーストラリアにおけるコンシューマーは，4人に1人の割合となっています。またそれは他の国の調査でも同様であることが分かっています。発症率だけを見ても，私たちは認識されるべき力とならなければなりません。

　もし世界の4分の1の人が生活や活動に影響を及ぼす精神的な苦痛を経験しているのなら，ごく基本的なことを気づいてもらうために，あるいは政策や財源やサービス提供のために，どうして闘わなければならないのでしょうか？　どうして，このような障害に苦しむ人の多くが自分の経験を認めず，それを積極的に否認するのでしょうか？

否　認

　精神保健福祉の問題についての個人的な体験を否認することは，とてもよくあることです。これには，次のような理由があります。

　まず，障害を抱えていることが恥ずかしいという感情です。精神保健福祉の問題をもつことは人間的な弱さを示すと解釈し，自分が脆くて弱いと思われてしまうことを恐れるからです。もし他人がそのことに"気づいたら"，個人的，職業的，経済的にリスクがあるとさえ信じているのです。

　他人と"違っている"という感情もあります。仲間に受け入れてもらいたいと願って，社会や個人とのつながりから外されてしまうのを恐れて，自分の困難な状況を"隠して"しまうのです。

　精神保健福祉の問題や障害による差別の経験も同様です。いまだにそういった差別を受けている人がいます。仕事や住むところ，名声を失い，使うことのできない保険があるなど，これらは先入観や間違った情報，教育を受けていないために生じます。

そして，スティグマの犠牲者であるからです。スティグマは，あからさまな差別よりも分かりにくいものです。これは，精神保健福祉の問題をもつ人を辱めたり信用を傷つけるような，地域社会や個人の態度の反映です。その人を犠牲者にしてしまい，何か受け入れがたく，不名誉なものと感じさせたり，被害者に仕立てあげられることによって生じます。

受け容れる

否認から生じるすべての事柄を乗り越えるためには，精神保健福祉の問題や障害を抱えたことを受け容れることが最初の段階となります。無力化やスティグマ並びに差別に取り組むのに効果的とされた方法です。自分の経験やストレングスに気づくことによって，私たちにスティグマを負わせたり，リカバリーを阻むような機会を打ち消すのです。

リカバリーとは

「私はリカバリーを，精神病による大惨事を乗り越え成長するときの，新たな意味づけや目的の進化だと考えます」
—— William A Anthony

「社会でのふるまいや仕事ぶりが安定したものとなり，薬も要らなくなり，症状もなくなり，補償も要らなくなること」
—— Courtenay Harding

「症状があったとしても，人生を開拓した人たち。彼らは適切な支援を受けながら，目標を持ち，自ら選択し，状況を改善させている」
—— Henry Tomes

第13章 ● あなたがやっていることは，私にはできません！

希望と癒やしに通じる道……それには段階がある。子どもの頃のネグレクト，トラウマや虐待の影響についての地域社会の意識，ホームレスや貧困，恐怖と暴力からの自由，地域社会に住んでいるという感覚，自己に対する愛と敬意，尊厳と人生の選択。これらの階段を上がって，ようやく心の健康にたどり着く

リカバリーのためのパートナーシップ

　リカバリーへの道を旅するとき，いつも誰かがそばにいます。その"誰か"は常に，次のような真実を思い出させてくれます。

- 私たちには希望がある
- 希望をもって社会との再統合に向けて取り組むことができる
- 感情が必ずしも症状であるとは限らない
- 有益な人として雇用されることに希望がある
- 幅広い友人関係をもつことに希望がある
- 生活の質が向上することに希望がある
- 感情的になることは普通のことである
- 知らないことは簡単に補える
- 学ぶことができる
- 責任がある
- 乗り越えられる
- 成功できる
- 失敗を許されるべきである

　私たちは，リカバリーに焦点を当てる必要があります。

前進し続ける

　コンシューマーである私たちは皆，個人的にも，より広いレベルでも，変化をもたらすことができます。そのために，私たちを可能性から遠ざけてしまっていた屈辱や差別や迫害を，過去のものにしてしまいましょう。
　覚えておいてください……

もし私たちが自分は犠牲者だと思い込めば，そうなってしまいます。もし私たちが変わるのは不可能だと思い込めば，そうなってしまいます。しかし，もし私たちが……

- 最も自分たちの足を引っ張っている事柄に取り組めば，その事柄はもはや私たちの人生をコントロールできなくなります
- そのコントロールする力を取り戻せば，その場所から前向きに変わっていく能力を得ます
- 自分のストレングスと成し遂げたことに気づけば，技能と個人の質を高め，あなたの可能性と価値に気づくことができます

そのとき，あなたは，自分の人生の変化の中にいるのです。あなたの仕事は，あなたの人生をより良いものに変えていくことです。

誰もあなたに代わってこれを行うことはできません。あなたは自分の力を取り戻すために誰かの助けが欲しいかもしれません。しかし，あなただけがその変化を起こせるのです！

ケアワーカーの役割

精神保健福祉サービスの本分を全うしようと挑戦したり変化を起こす場合，ケアワーカーは前向きな影響力をもたらさなけらばなりません。そのためには，コンシューマー運動が芽生えつつあること，自分たちの役割は何かを認識しておく必要があります。ケアワーカーには特別な責務があります。

ケアワーカーは……，

- コンシューマーが"希望を失った"ときも，"希望を持ち続けてく

れる人"です
- 力を失ったときに，エンパワメントを促してくれる人です
- コンシューマーが"所属"を必要とするとき，参加可能な場所を探し，参加する機会を増やす手助けをしてくれる人です

　コンシューマーのエンパワメントや真の参加というのは，一晩でなされるものではありません。それは，参加し励まされることでコンシューマーの一人ひとりがエンパワメントできるようにしたり，より効果的なサービスのためにコンシューマーが貢献できるような一連の視点や発想をサポートする発展的過程と言えます。精神保健福祉の問題や精神障害をもつ人たちは，自分自身の治療，ケア，サービス，そしてそれらを導く政策において，より活動的な参加者になりつつあります。
　この変化に対応するために，サービス提供者は，これらの動向や喜ばれるサービスのあり方に精通していく必要があります。
　おそらく，リハビリテーションの専門家とコンシューマーが協力しながらリカバリーへ導いていくことは，コンシューマーのために専門家が疾病を管理し，グループ活動を企画・運営するといった従来の形態よりもかなり効果的でしょう。
　この過程では責任を分かち合い，意見を互いに話し合います。
　コントロールについては，以下のことを考えましょう。

- 誰がコントロールされているのか？
- 誰がコントロールされる必要があるのか？
- なぜ，そしてどのようにコントロールされるのか？

　コンシューマーがリハビリテーションに参加することで，次のようなことが起こるでしょう。

- 個人のストレングスや弱さがきちんと理解され，それを認識した働きかけがなされる
- 従来の"医療モデル"から，クライエントのニーズを反映した"エンパワメント／心理社会モデル"のサービスに焦点が変わる

リカバリー vs 実践

　精神保健福祉サービスにおいてコンシューマーが意思決定したり参加したりすることについて，組織の上部から下部へ，下部から上部へと双方向に情報が行き渡る必要があります。しかし，その情報が中間管理層で留められてしまうことがよくあります。こうなると，現場のケアワーカーたちは，意思決定がなされる重要な過程や諸問題について知ることができません。コンシューマーは決定過程の一員となることでエンパワメントが可能ですが，治療段階のサービスを受けているコンシューマーにはサポートが必要です。そしてケアワーカーにも，精神保健福祉サービスの枠組みを作っている政策に精通できるようにサポートが必要なのです。このサポートがあることで，精神保健福祉サービスの中に，さまざまなパートナーシップが彼らの取り組みのもとでつくられていくでしょう。

　コンシューマーの参加についても，口先だけの賛成がよくあります。サービスでは"コンシューマーが参加しています"と広報されていますが，本当に望んでいるパートナーシップが形づくられるようにコンシューマーをサポートしているわけではありません。このことは，役割を遂行するための情報がコンシューマーに十分に与えられていない，コンシューマーを委員会のメンバーと対等にするための予算が出ていない，パートナーシップを支えるための資金を割り当てられていない，といったことが原因です。参加を支援するよりもむしろ，他にするべきこ

とがありそうなサービスもあります。例えば，コンシューマーに対して自分たちの権利が分かるように情報提供したり，コンシューマー・グループが存在していることを知らせたりすることです。ミーティングがコンシューマーにとっては不便な時間と開催場所，例えば朝早く公共交通機関のないところなどで計画されていることもあります。

　精神保健福祉サービスをコンシューマーと共に作りあげるようなパートナーシップのモデルは数多くあります。その中には治療段階でのパートナーシップも含まれています。このパートナーシップを軽視したり無視することはできません。コンシューマーが精神保健福祉サービスについてどう理解するかは，受けたサービスでどのような経験をしたのかに基づいています。コンシューマーの中には長期にわたりサービスを受けている人もいます。かつては，医療従事者が管理をするものであり，一番良い方法を知っているとされた時代でした。サービスは，自分たちで選んだ生活をしていると感じるようなリカバリーを促すためにあります。しかし，コンシューマーたちがそのサービスの指揮をとるためには多くの時間と労力を要するのです。

専門家!?

　コンシューマーこそがリカバリーの"専門家"であるという事実をまだ受け入れていないケアワーカーもいるでしょう。コンシューマーがリスクを負う価値をそのまま認め，たとえ最善の結果にならなくともコンシューマーがやりたいことを支援し励まさなければなりません。そのときにこそ，リカバリーは起こるのです。

　パートナーシップは，コンシューマーが意思決定過程に参加できるサービス水準で生じます。サービスの提供についてのフィードバックや評価に参加することに，コンシューマーの本当の役割があります。何が

一番良い方法だと感じるのか，どうすればコンシューマーの気持ちに配慮が行き届いたサービスが提供できるのか，コンシューマーの視点をしっかり聞いて取り入れることこそがパートナーシップです。サービス提供にはコンシューマーの意見が不可欠ということになれば，現状を変えたいと強く望むようになるでしょう。そのことで，サービスも刺激を受けて変わっていくでしょう。できる・できないと限界をもうけるより，コンシューマーにとって居心地の良い場所を広げ，皆で理想へ近づいていきましょう。

政策水準でパートナーシップが形成されてくると，サービス提供に関する政策を作りあげる段階に参加する道が開けます。しかし，ある時間枠の中でその政策について記述したり議論したりすることは，コンシューマーにとって困難なことです。政策は分かりやすい言葉で書かれなければなりません。そしてその内容や個々の政策がきちんとニーズを捉えたものになるよう，他のコンシューマーたちに相談する十分な時間も考慮されるべきです。

精神保健福祉サービスに従事しているコンシューマー自身によるコンシューマー運動が急成長しています。彼らの取り組みが効果を生みだすためには，幅広い戦略と支援の仕組みが必要です。コンシューマー・ワーカーは，支援ネットワークやコンシューマー・グループがなければ孤立してしまう恐れがあります。なぜなら，その支援やグループは，彼らにとってコンシューマーの観点や助言，あるいは関心事などについての情報を交換しながら視野を広げていく場所だからです。精神保健福祉サービスに従事している人はコンシューマー・ワーカーを雇用する際にこうしたことを認識している必要があります。そしてコンシューマー・ワーカーは，自分の仕事は見せかけではなく，ビジネスサービスの中核をなす本質的な価値があると気づくべきです。

コンシューマーが代表することとコンシューマーの権利擁護は，公

式から非公式までいろいろなかたちで実現することができます。コンシューマーの視点をもつ者として代表を引き受けるには，知識，勇気づけられること，支えられることが必要です。ケアワーカーが，かかわっているコンシューマーたちの視点を知っていると思っているだけでは十分ではありません。それだけだとケアワーカーは，そのコンシューマーに何が最善かを知っていて権利擁護もできていると考えてしまう危険性があるからです。コンシューマーたち自身が，彼らの関心事を代表してくれるのに一番良いと思うコンシューマーを選ばなくてはなりません。そしてそのコンシューマー代表が自分たちを代表したり権利を擁護したりすることを認めることが大切です。

第 13 章 ● あなたがやっていることは，私にはできません！

コンシューマーには，権力や住居，尊厳，雇用，自尊心，性にはなかなか手が届きませんが，スティグマやさまざまなレッテルは備蓄がございますのでお手伝いが必要でしたら，声をおかけ下さい。"恥"は特売しております。

第14章 ● あなたのことを何と呼んだら いいでしょうか

言葉づかい

　精神保健福祉サービスのコンシューマーは，世界中でいろいろな言葉で呼ばれています。そのため，どの言葉がいちばんいいのか議論されています。現在は，次のような用語が使われています。

- コンシューマー
- ユーザー
- サバイバー
- 患者，精神科の患者
- 元患者
- クライアント
- 犠牲者
- 精神医療化されてしまった人
- 受益者
- 精神障害をもつ人
  など

　オーストラリアでも，どの言葉がいいのか活発な議論が行われています。"コンシューマー"という言葉は，アメリカ，カナダ，南アメリカの一部，南アフリカでよく使われています。

「アメリカでは"元患者""サバイバー"という言葉は，精神保健福祉システムでとてもひどい扱いを経験し，もはや古いサービスや治療を使わなくなった人のことをいいます。また，"コンシューマー"という言葉は現在の精神保健福祉システムに参加している人のことをいいます。オーストラリアでは"コンシューマー"という言葉を使うとき，この両方の意味を含んでいます」

(The kit, Spice Consulting, Canberra 1988 年)

オーストラリアでの"コンシューマー"という言葉

オーストラリアで使われている共通の言葉は"コンシューマー"です。

歴 史

私がコンシューマー活動を始めたとき，とても珍しがられて，誰も私たちがやっていることや，私たちのことをどのように呼んでよいのか分かりませんでした。"以前患者だった人""元患者"というように，いろいろな呼び方をされましたが，どれも私たちの役割や活動をうまく説明していませんでした。1980年代半ばに，私たちは"コンシューマー"という言葉を使うようになりました。

この言葉を使ったのは私たちが権利に焦点を当て始めたことが主な理由です。仲間の中には，障害者の権利運動に関する考え方からニーズを明らかにしてくれる人がいました。そして，自分たちの活動に反映させていったのです。

私たちにとって"コンシューマー"という言葉は，適切に感じました。私たちが受けている精神保健福祉サービスは公共のものでも個人的なものでも，"消費（コンシューム）される"ものなのです。

商業的なこととも似通っています。私たちが精神科の診断を受けることも"特別なこと"ではなく，サービスを消費する点で社会の誰もがもつものと同じ期待をしてよいことを意味しています。

私たちは，自分たちが実際"特別"ではないという信念をもっていました。もし，私たちの障害を何とかしようとしてサービスを受けるときに，低い品質のサービスを受けたり，低い期待しかもてないとすればそうでしょう（私たちが特別であろうはずがない）。

"コンシューマー主義"という言葉には対立的・挑戦的という意味合いがありました。それは，今までの歴史の中で他の医療からかけ離れてしまった精神科医療を，私たちが"普通なこと"にしようとしていたからでした。

大きな批判に"さらされる"のではないかという恐れや，"精神保健福祉のための費用"が他の一般サービスに使われてしまいそうな状況でした。もし私たちが抵抗したら今あるサービスがなくなってしまい，それに対して，私たちが責任をとらなければならないという雰囲気が広まっていたのです！

そのような決定は，私たちが下すものではありません。自分ではコントロールできないような責任まで負わされて罪悪感を植えつけられ，私たちを操るような戦略なのだろうかとさえ推測しました。私たちはこの戦略を無視し，政治的な"ゲームをしない"ことにしました。

私たちが思っていたよりも，"コンシューマー"という言葉はサービス提供者にとって，影響力があり，とても挑戦的なものでした。サービス提供者には説明責任があるからです。サービスを利用する私たち"コンシューマー"はサービス提供者に対して説明責任を求める権利があるのです。サービスの内容や「場」の基準が法律に盛り込まれることで，私たち"コンシューマー"は悪質なサービスや不当な表示から守られるようになりました。

では，私たちは何をすればよいのでしょうか？　私たちの夢は，サービス提供者が利用者のもつ権利を尊重し，利用者のニーズに合致したサービスを提供することです。利用者の権利もニーズも法律等に遵守されなければならないものです。当時，このような考え方は「絵に描いたもち」で，目標に掲げられるものでした。

私たちの夢は，今や文書にされています。実際に夢が実現するには，権利擁護のシステム，国による精神保健福祉サービスの基準と精神保健福祉政策，コンシューマーと支援者の共同参加とパートナーシップが不可欠であり，現在それらが整備されつつあります。これらのすべてが整備され，法制度に明文化されることが必要なのです。

私たちの権利やニーズに基づいた法制度ができたときに，私たちは価値のあることをしたと言えるでしょう。

「私たちのことを，私たち抜きで決めないで」……

そのほかの，よく使われる用語

ユーザー（利用者）

"ユーザー"とは精神保健福祉サービスを使っている人を表す言葉です。ヨーロッパや日本の他，アフリカのグループでも使われています。一般的に"ユーザー"とは，精神保健福祉サービスを"利用している人"と考えられています。

この用語は，オーストラリアでは使われません。私たちの文化では，この用語には否定的で侮辱的な意味合いがあるからです。一般的な解釈としては『マックオリー辞典』に，ユーザーとは「最後の最後まで搾り取る人」と書かれています。ほとんどのオーストラリア人はこの用語を「搾取して自己中心的で人を操る」と意味づけていますが，私たちは自分自身をそのようには思っていません。一般的に，違法な麻薬を使って

いる人が"ユーザー"と呼ばれています。オーストラリアでは精神保健福祉サービスのコンシューマーにとって、"ユーザー"は名誉を傷つけるものであり、決して受け入れられるものではありません。

サバイバー（生き残った人）

"サバイバー"という用語は、世界中に広がっているコンシューマ運動の中の、小さなグループ（サブグループ）で使われています。一般的にこういった人たちは、コンシューマーの中では極めて反精神医学の側に寄る傾向があります。このグループには目立って積極的なリーダーが何人かいて、見た目には支配的で、時にはカリスマ的な熱狂者のように見えるかもしれません。

"サバイバー"は、自分たちの治療や虐待の経験に対して厳しいという面があり、コンシューマー運動の一端を担う重要な役割を果たしてきました。サバイバーは代替（オルタナティブ）治療にむけて活動し、強制治療をアメリカの法律から排除するようにロビー活動を続けています。もっと過激なグループの本拠地はアメリカにありますが、その他ヨーロッパやニュージーランドにもあります。

"サバイバー"を用いている人たちは、精神保健福祉の問題があったにもかかわらず、個人として生き残ってきたことを言い表すために用いるようで、政治的な目的と関連させることは少ないようです。多くの人はその概念を個人的に解釈しており、"運動家"として解釈することを拒んでいます。

また、"サバイバー"を肯定的な生き方としてとらえる人がいます。否定的な出来事や思いがけない出来事にあった場合、よくあることなのです。困難や対立した経験を思い出しますが、それも包み込んでしまう、個人のアイデンティティを抱いて前進します。

自分に言い聞かせましょう。

「私は人生における単なる"犠牲者"ではない。私は一人の人間なのだ。私には"犠牲者となる"ことを超えて，自分を成長させる才能と技能があるのだ。私は"犠牲者"ではなく"勝利者"になれる」

原著者おわりに

　私がチャーチル・フェローシップを授与されて研究し，それに続く報告書の作成と，この本の前の版の出版するにあたり，成功できるように尽力して下さった全ての方々に感謝したいと思います。ウインストン・チャーチル・メモリアル・トラストがこのプロジェクトの可能性を認めて下さったことへの寛大さにも謝意を表明したいと思います。このトラストはオーストラリアの精神医療・保健・福祉サービスのコンシューマーが，このようなプログラムから多くの恩恵を得られる可能性があることに気づいていました。彼らの信頼と希望が実現したと信じています。実際に参加しエンパワメントすることの可能性というものが今オーストラリアで認識されつつあります。このハンドブックによって，さらに多くの人が，プログラムやケース・マネジメントの方法にこの新しい考え方やリハビリを組み込んでいけるかもしれません。

　チャーチル・フェローシップを私に授与するにあたり，「コンシューマーの才能が認められ，彼らの潜在能力に対する信頼が示されるなら，コンシューマーも他の人たちができるのと同じように社会にうまく貢献することができる」と，このトラストが認めていたことを確信しています。

　私が海外で接触した80前後の団体には特に恩義を感じています。彼らとのやり取りが，私の情報の土台を作っていく上で無くてはならないものでした。私に会うために時間を割き，私と一緒に仕事をして下さり，私の研究を支えて下さった方々に感謝しています。また，これまでにも，そして現在も，オープンでかつ進んで協力して下さった皆さまにもありがたく思っています。それは，コンシューマー，家族のみなさん，専門家，団体，サービス提供者，行政職員が含まれます。たくさんの文献や資料

を提供して下さり，それが現在オーストラリアでエンパワメントやアドボカシー，参加のための努力をしていく上で，価値ある情報源となっています。

　この第3版は日本語と中国語に翻訳されており，将来はスペイン語にも翻訳される可能性があります。私は『本物のパートナーシップとは何か？』が普遍的な魅力があることにびっくりしています。コンシューマーがどこの国にいようと，この本を自分自身や仲間を勇気づける道具として使ってくれることを希望しています。私の友人，コンシューマー，仲間たちの支えにいつも感謝しています。私が話したいとき，圧倒されてしまい誰かに励ましてもらいたいとき，何らかの方向を示してもらいたくて正直に助言して欲しいとき，耳を傾けて聞いてくれました。あなたがたはとても大事な方々で，ありがたく思っています。

　NGO諸団体の私の仲間や友人たち，特に精神科リハビリテーション協会（永遠に辛抱強い出版社でもあります）は，私のこの本が完成して出版され，頒布されるのを手伝い，援助し，いろいろな考えを教えてくれ，個人としても集団としても，さまざまな方法で支援して下さり，無くてはならないものでした。　私の家族，特に夫のピーターと息子のティモシーの愛情や理解なしに，さまざまな精神保健福祉の課題や仕事に取り組むことを考えることはできませんでした。私の絶え間ない精神保健福祉活動や，「深夜遅くまで働く」こと，メールやこの本，報告書，会議資料を書くことに週末中費やしてしまうことを認めてくれました。また家計からの継続的な支出や頻繁な電話，（会合や研修会，あるいは会議やセミナーで講演する際の）私の度重なる長い留守を許してくれました。彼らの限りない理解と愛情に心の底から感謝しています。

　皆さんが独自のあり方でかけがえがなく，ありがたく思います。

　この本，『本物のパートナーシップとは何か？』を手に取り，読んでくださった皆さまに感謝いたします。

訳者おわりに

　「リカバリーは病気が完治することではなく、病いをかかえながらも自分で選んだ人生を歩むことです」と本書の著者であるジャネットさんは私にリカバリーの意味を教えてくださりました。その出会いから、早9年の年月が経ってしまいました。今でこそ、「リカバリー」という言葉が精神保健福祉領域の臨床の場で聞かれるようになりましたが、当時の私は「リカバリー」という言葉を病いをもつ当事者が当たり前のように使っていたことに、とても感銘を受けました。

　オーストラリアの視察にあたって、野中猛先生を団長とした私たち一行は「当事者による権利擁護活動」は必見とエージェントから助言をいただいていたことから、その活動拠点である"The Consumer Activity Network（以下、CAN）"を訪ねることにしました。そこで、相談役を務めておられたのがジャネットさんだったのです。

　ジャネットさんによると、オーストラリアにおいても、1980年代までは精神障害者に対する権利侵害にまつわる事件が少なくなく、1992年以降になってようやく、国策として精神保健福祉戦略が図られたということでした。その時、「当事者の権利擁護」が目標に掲げられながらも、当事者と専門家のパートナーシップのあり方を問うことがあったそうです。　そこで、CANでは"WE CAN, WE CARE, WE HAVE A GO！（私たちはできる、支援できる、まずやってみよう！）"を合言葉に、病いの経験をわかちあうミーティングをはじめ、病いの経験知に基づいた情報提供や教育、WRAPを用いた退院準備訓練のほか、啓発活動や調査研究など、幅広い活動を展開していました。"Listen to the consumer！（私たちの声を聴いて！）"を活動の原点として、ジャネットさんは「パー

トナーシップにおいて不可欠なことは，私たちのことは私たち抜きで何ごとも決定してはならないということです」と断言されました。本書においても"Nothing about us without us！"は何度も出てくる言葉です。CANの活動は，精神障害者が一人の人間がもつあたりまえの権利を取り戻し，病いをかかえながら自分で選んだ人生を歩んでいく過程そのものでした。では，専門家は何ができるのでしょうか？　ジャネットさんは"Not for doing, with doing（私たちのために何かをするのではなく，私たちとともに歩んでほしい）"と即答され，「私たちが挑戦（Challenge）し，変化（Change）できるように，機会（Chance）を提供してほしい」と強調されました。

　このように，本書が日本で翻訳される背景には，当事者と専門家のパートナーシップを望むジャネットさんの思いがこめられています。病いをかかえながら自分で選んだ人生を歩むことを願う当事者の方々，専門家の方々にとって，ジャネットさんは両者の属性の垣根を越えて「パートナーシップとは何か」を学ぶ機会に本書を役立ててほしいと願っておられました。

　しかし，本書が世に出るまでに9年の年月を要しました。振り返れば，幾多の難題がありました。その難題が継続すればするほど，本書の出版に対して不安と戸惑いが募りました。その時，ジャネットさんはあきらめずに出版への夢を語ってくださいました。それは難航する私たちの灯台となりました。また，難題を分かち合い，共に対峙してくださった野中猛先生と平田はる奈さんの存在は，仲間がいることで自分が強くなれることを実感する体験となりました。弱音を言える仲間がいるからこそ，心強く，前向きになることができました。

　しかし，その野中先生が天国に旅立たれ，また，出版の話が立ち止まっていた時，金剛出版の中村奈々さんとの出会いがありました。中村さんは，本書が世に出ることに賛同していただき，出版をあきらめていた私

訳者おわりに

に温かい励ましのシャワーと，懇切丁寧に翻訳する道筋をつくっていただきました。このような中村さんのご支援は本書の出版に至るエンジンとなりました。中村さんのおかげで，希望の実現には「具体性，測定可能性，達成可能性」が重要な鍵であることを学ぶことができました。心より感謝します。また，初版の監訳者である山本和儀先生に，まとめの段階で英文指導をいただくことができました。さらに，精神障害者リハビリテーション学会の顧問である蜂矢英彦先生，三家クリニックの院長である三家英明先生からも，本書に対するご推薦のお言葉を頂戴しました。医師である先生方が本書の価値を見出し，その普及のために力をかそうという感性や姿勢こそがパートナーシップには不可欠であると教えていただきました。本当に，心より感謝いたします。

このように，多くの方々のご支援を受けて，本書が出版されることになりました。偶然の出会いが実は本書の出版にとって必然なことであったと思えるようになりました。これでやっと，野中猛先生と約束を果たすことができました。長い間，お待たせしました。改めて，心より感謝申し上げます。

桃山学院大学　栄セツコ

■著者紹介
ジャネット・マアー・AM
1970年前半統合失調症を発症して以来，精神障害や精神保健福祉にまつわる問題を抱えながら生きる人々が社会の一員として尊重される世の中を願うようになった。コンシューマーとケアラーが真の意味で参加しパートナーシップが結べるようになることを己の責務とし今も活動している。強い倫理観と情報に富んだ観点をもちながら一連のコンシューマーの権利をしっかり守り続けている。それは彼女が常に学び，精神障害をもつ人々の関心事や意見にいつも耳を傾けているからである。

元オーストラリア精神保健委員会委員（2012～2013）。世界精神保健連盟の理事，後に名誉幹事を務め，いくつかの精神保健コンシューマー組織の創立や後援にも携わった。教員や司書を職業とするかたわら30年以上にわたり精神保健コンシューマーとして権利擁護の活動を続け，そのうちの20年以上は国家レベルの幅広い経験を積む。現在も国際的なコンシューマーリーダーとして活躍中。

■監訳者紹介
野中　猛（のなか　たけし）
1951年栃木県生まれ。1976年弘前大学医学部卒業。民間病院を経て，1988年より埼玉県立精神保健総合センターにて，社会復帰や地域精神保健にかかわる。2001年より日本福祉大学社会福祉学部保健福祉学科教授。主に精神障害リハビリテーションやケアマネジメントを担当。2005年に英国ケンブリッジ地域のNHSトラストに留学。2009年より日本精神障害者リハビリテーション学会会長。2013年7月ご逝去。

■訳者紹介
山本　和儀（やまもと　かずよし）
精神科医，博士（医学），労働衛生コンサルタント。熊本大学医学部卒業後，オーストラリア・メルボルン大学留学，琉球大学医学部精神神経科講師を経て，EAP産業ストレス研究所・山本クリニックを開設し，現在所長と院長兼務。この間，世界精神保健連盟（WFMH）の活動に参画し，2001～2004年理事・副会長，現在はWFMH終身会員・日本支部副会長。

【著書】
「アジア・オセアニア」新福尚隆・浅井邦彦編（2001）世界の精神保健医療　現状理解と今後の展望．へるす出版．
「精神障害の予防と倫理」小椋力編（2000）臨床精神医学講座　S3巻精神障害の予防．pp.28-40，中山書店．

【翻訳】
Janet Meagher, AM (2000) Partnership or Pretence : Handbook of empowerment and self advocacy for consumers of psychiatric services and those who provide or plan those services. 2nd edition revised.（山本和儀監訳（2000）本物のパートナーシップか見せかけか──精神医療サービスのコンシューマーとサービスを計画し提供する人のためのエンパワメントとアドボカシーのハンドブック）

栄　セツコ（担当　第4,5,6,7,8,9,14章）
精神保健福祉士。
国分病院（大阪府），東京武蔵野病院（東京都），大谷女子大学（大阪府）等を経て，現在，桃山学院大学社会学部（大阪府）教授として勤務。

【著書】
語り部グループ「ぴあの」編集委員会（2015）障害者からのメッセージ23　こころの病いの物語をつむぐ　学校における語り部活動．やどかり出版
「精神障害者の退院支援におけるケアマネジメント」狭間香代子編著（2008）ソーシャルワーカーとケアマネジャーのための相談支援の方法．pp.163-180, 久美出版．
「精神保健福祉領域におけるピアサポート活動の有用性」大阪市立大学大学院白澤政和教授退職記念論集編集委員会編（2011）新たな社会福祉学の構築──白澤政和教授退職記念論集．pp.296-305, 中央法規出版．
「ストレングスモデル─岡村理論との関連性」右田紀久恵・白澤政和監修／小寺全世・岩田泰夫・小西加保留・眞野元四郎編著（2012）岡村理論の継承と展開〈第4巻〉ソーシャルワーク論．pp.16-33, ミネルヴァ書房．

【翻訳】
Charles A. Rapp, Richard J. Goscha（2011）The Strengths Model：A recovery-oriented approach to mental health services. 3rd Edition. Oxford University Press.（田中英樹監訳（2014）ストレングスモデル──リカバリー志向の精神保健福祉サービス（第3版）．金剛出版．「ストレングスアセスメント──個人の健康的な部分を展開する」担当）

平田　はる奈（担当　第1,2,3,10,11,12,13章）
精神保健福祉士。
河渡病院（新潟県），さわ病院（大阪府），三家クリニック（大阪府）等を経て，
現在，特定非営利活動法人地域生活サポートまいんど　地域生活サポートセンターとらいむ（神奈川県）に勤務。

【翻訳（協力）】
Robert Paul Liberman（2008）Recovery from Disability Manual of Psychiatric Rehabilitation. American Psychiatric Publishing.（西園昌久総監修／池淵恵美監訳（2011）精神障害と回復──リバーマンのリハビリテーション・マニュアル．星和書店．「第1章」担当）

コンシューマーの視点による
本物のパートナーシップとは何か？
―― 精神保健福祉のキーコンセプト ――

2015年12月10日 印刷
2015年12月20日 発行

著　者　ジャネット・マアー・AM
監訳者　野中　猛
訳　者　山本　和儀　栄　セツコ　平田　はる奈
発行者　立石　正信
印刷・製本　音羽印刷
株式会社　金剛出版
〒112-0005　東京都文京区水道1-5-16
電話03(3815)6661(代)
FAX03(3818)6848

ISBN978-4-7724-1459-3　C3011　　　　Printed in Japan© 2015

リカバリー
希望をもたらすエンパワーメントモデル

［編］＝カタナ・ブラウン　［監訳］＝坂本明子

●A5判　●並製　●240頁　●定価 **3,000**円+税
● ISBN978-4-7724-1255-1 C3047

ディーガン，コープランドら
「リカバリー」の先駆者の議論を集めた，
精神障害者リカバリーモデルの
思想と技術。

ビレッジから学ぶ
リカバリーへの道
精神の病から立ち直ることを支援する

［著］＝マーク・レーガン　［監訳］＝前田ケイ

●A5判　●並製　●122頁　●定価 **1,600**円+税
● ISBN978-4-7724-0870-7 C3047

精神の病をもつ人たちや支援者に
力を与える革新的ビジョンである「リカバリー」。
多くのメンバーの物語を織り交ぜて
その実践原則が述べられる。

ストレングスモデル 第3版
リカバリー志向の精神保健福祉サービス

［著］＝チャールズ・A・ラップ　リチャード・J・ゴスチャ
［監訳］＝田中英樹

●A5判　●上製　●450頁　●定価 **4,600**円+税
● ISBN978-4-7724-1346-6 C3047

豊富な支援事例に，
ストレングスアセスメントおよび
現場の教育的指導技術を大幅増補した
「ストレングスモデル」第3版。

地域ケア時代の
精神科デイケア実践ガイド

［編著］=安西信雄
［著］=池淵恵美　辻貴司　浅井久栄　伊藤順一郎　窪田彰

●A5判　●上製　●220頁　●定価 **3,200** 円+税
● ISBN978-4-7724-0923-0 C3047

精神科クリニックにおける
デイケア活動について，
効果的なデイケア治療のあり方を
具体的に示す。

精神科デイケアの始め方・進め方

［著］=窪田彰

●A5判　●上製　●256頁　●定価 **3,600** 円+税
● ISBN978-4-7724-0845-5 C3047

実例に即しながら仔細に紹介し
「精神科デイケア開設マニュアル」
「精神科デイケア・スタッフマニュアル」
として活用できる。

チームを育てる
精神障害リハビリテーションの技術

［著］=P・W・コリガン　D・W・ギフォート
［監訳］=野中猛　［訳者］=柴田珠里

●A5判　●並製　●176頁　●定価 **2,600** 円+税
● ISBN978-4-7724-0739-7 C3047

精神障害リハビリテーションにおける
効果的なチームワークや
プログラム開発に向けた
研修方法や組織づくりの技術に焦点を当てる。
